SHODENSHA
SHINSHO

子

の家訓

仕事と人生に効《き》く言葉

祥伝社新書

まえがき

かつての家では、先祖の教えが「家訓」という形で言葉として伝えられることが多かったのですが、最近ではそうしたことが少なくなりました。

そこには、会社勤めの人が増えて家業を継ぐということが少なくなったことや、代々の家に住むのではなく、独立して核家族化が進んだことなど、時代的な背景があります。またそれ以上に、親や経営者などが自《みずか》らの経験を短い言葉として端的に残すということが少なくなったことも影響していると思います。

本書は武家や商家の家訓を中心に、現代の企業の社訓などを含めた言葉を集め、現代的な観点からよきアドバイスになりそうなものを選び、私なりの解説を加えたものです。

家訓などと言うと古めかしく感じるかもしれませんが、今の世の中で、私たちそれぞれの状況、それぞれの課題を解決するためのヒントとなる名言、助言が、家訓の中にはたくさんあります。その家訓を人生の親身なアドバイス集として新たに組み直してみようというのが、この本の目的です。

家訓を家族、対人関係、お金、仕事というようにテーマに分けて紹介していますが、そうすることによって、古い時代に書かれたものでも、「これだったら今の自分にも思い当たる節《ふし》がある」と思えるものになるよう心がけました。

本書には、古くは鎌倉時代から、江戸、幕末、明治、大正、戦後に至るまで、さまざまな時代の、そして武士や商人、財閥などさまざまな立場の人が、それぞれの思いを込めて綴《つづ》った家訓が含まれています。

いろいろな時代の、いろいろな立場の人たちの残した言葉を読むと、そこに人が幸せに生きていくための普遍的な教えがあることが、おわかりいただけるのではないかと思います。

今回、私も家訓を一通り読み直して、これを守っていればどの世界にいても道を踏みはずすことはないだろう、ということを改めて感じました。

たとえば、大学院時代の私は、自分の不遇を運の悪さのせいにしていました。しかし一因は、指導担当の先生たちに対して面と向かって非常に辛辣《しんらつ》な批判をしてしまったことにありました。その批判が正しい正しくない以前に、それでは世話をしてもらえないのも当然でした。不遇は自ら招いたもので、運が悪かったわけではないのです。

私のような人がやはりいたのでしょう。家訓の中には、「余計なことを言うな」とたしなめるものがちゃんとあります。もしも私が、若いときにこうした家訓に出会っていれば、もう少しいい関係を築けたのではないかと思います。

他にも、「やるぞ」と思いながら成果を出せなかった時期があるのですが、渋沢栄《しぶさわえい》一《いち》の「満身の精神で、全力でやれ」という言葉に触れたときは、「ああ、もっと勤勉にやるべきだった」と反省しました。

おそらく読者の皆さんも、特にある程度人生経験を積んだ三十代より上の人にとっては、思い当たるものが数多くあると思います。

大事なのは、この中の一つでもいいので胸に響いたものを「一、何々――」というかたちでしっかりと噛《か》みしめ、石に刻みつけるように、自分の肝《きも》に銘じることです。

昔、孔子《こうし》の弟子たちは、師の言葉を忘れないように着物や帯に孔子の言葉を書き付けて覚えたと言います。

言葉で魂を伝え、人生の生き方の指針を伝える「家訓」。それは孔子の言葉にも劣らない金言です。その中には、あなたにとって「この一言さえ守れば」という宝の言葉が絶対にあります。そんな、宝探しをするような気持ちで読んでいただきたいと思います。

これまでも家訓をテーマにした本はたくさんあります。とりわけ小澤富夫《おざわとみお》訳『家訓』（講談社学術文庫）や吉田實男《よしだじつお》著『商家の家訓』（清文社）は、大変充実した本で、本書で引用した家訓や言葉の多くは、現代語訳を含めて、これらに拠《よ》ります。それ以外にも平凡社東洋文庫の『家訓集』（山本眞巧編註）や、『家訓・遺訓１００話』（甘利《あまり》一馬《かずま》／立風書房）など数多くの良書があります。本書の執筆に当たっても参考にさせていただきました。記《しる》して感謝申し上げます。

二〇一四年五月

齋藤《さいとう》　孝《たかし》

目次

第2章　「誇り」を子孫へ伝える――家を守るための訓え

第3章　決断力がある人の「相談力」――対人関係の訓え

目次

第６章　最強の教科書とは何か——学びの訓え

〈お断わり〉

本書で引用した家訓・言葉の原文および現代語訳は特に記したものを除き、『家訓』（小澤富夫訳、講談社学術文庫）、『商家の家訓』（吉田實男著、清文社）に拠るものです。

序章

なぜ今、家訓なのか

精神の背骨としての「家訓」

まえがきでも述べたように、本書の目的は「家訓」を読み直そうというものです。なぜ今、家訓なのかというと、それが人が生きていくうえで大切な「精神の背骨」になりうるからです。

どんな時代であっても、どんな環境にあっても「背骨」、すなわち判断基準となる指針さえしっかり持っていれば、人は生き抜くことができます。その背骨を作る要素が「家訓」には凝縮《ぎようしゆく》されています。家訓とは、その家が今後も発展しつづけるために、人として守らなければならないことを次世代に伝えるために書かれたものだからです。

現代は、精神の背骨が失われつつある時代です。

江戸時代のように儒教という道徳が社会にしっかり根ざしていたときは、自然とそれが個人の精神的な背骨となりました。しかし現在では、かつてのように儒教を幼い頃から叩き込まれるようなことはなくなりました。

「自分の個性を大切にしなさい」とか、「みんなと仲良くやっていきなさい」といったアドバイスを受けることはあっても、「これだけは絶対にやりなさい」とか、「これだけは絶対にしてはいけない」と厳しく言われることが減りました。自由で優しい社会ですが、どこかふわふわとした頼りない感じがします。

精神分析学の創始者であるフロイトは、人の精神の根本に位置するのはリビドー（性欲動）に代表される本能的エネルギーで、「エス」と呼ばれる無意識の領域だと考えました。

これだけでは人間は暴走してしまうので、「何々してはいけない」というルールや良心、宗教的倫理観にもとづく「スーパー・エゴ（超自我）」でエスを抑えます。このエスのやりたい放題のエネルギーと、抑えつけるスーパー・エゴの力がせめぎ合う領域に形成されるのが「エゴ」、つまり自我だと言われています。

現在の社会は、実はスーパー・エゴが育ちにくい環境だと言えます。

スーパー・エゴが強くなりすぎると、昔の武士のように自然な感情よりも「忠義」が優先し、切腹も辞さない、というようなことになってしまうし、逆にスーパー・エゴがまったくないと、やりたい放題をしたあげく人生をダメにしてしまう危険性があります。

これらはどちらも行きすぎです。エスとスーパー・エゴをコントロールし、うまくバランスをとることが自我の形成には必要なのです。

権威ある身近な人に幼いときから繰り返し同じことを言われつづけることによって、それが自分の中に溜まり、やがて自分をコントロールできるような心の仕組み、すなわちスーパー・エゴが育《はぐく》まれます。

ですから、そういう存在がないまま甘やかされて育つと、手に負えない、自我のない、ただわがままなだけの人間になってしまうのです。

子どもが自我を確立させるためには「権威ある父親的存在」が必要です。

しかし最近の父親は、自らの経験をもとに「これだけはやるなよ」、「これだけはやっておけよ」と強く言う人が減ってしまいました。父親特有の権威がなく、母親に近い存在になってしまっているのです。親しみのあるなごやかな雰囲気をもった家庭であることはいいのですが、親子が友達のような関係だと、家庭が子どもにとって精神の背骨を形成する場にならないことがあります。

やはり、父親というのは子どもにとって怖い存在であり、すべきことやすべきでないことを時に強く言う。子どもも、父親に言われると、ピシッと背筋が伸び、身が引き締まる思いがする。これぐらいが、とりわけ男の子にとっては丁度いいのだと思います。家庭でのそうした「背筋が伸びる経験」が背骨を作り、生涯にわたってその人を安定させてくれるからです。

子孫のためという思いがもたらす充実感

こうした権威ある父親からの言葉ということを考えたとき、それが典型的に現われているのが「家訓」だと言えます。

しかも家訓は子孫のためを思って書かれたものなので、言葉に嘘偽《うそいつわ》りがありません。伝えておきたい多くのことの中から「これだけは」という絞り込みをして書き残されたものです。いわば、厳選された「家の憲法」なのです。

先祖が残した家訓を「一、何々――」「一、何々――」と戸主が読み上げ、家族がそれを聞いて守っていく。そういうことを代々引き継ぎ、家訓を守ることで今の繁栄を維持していく、というものでした。そこにある人間観は、単独の個ではなく、生命が連綿とつないでいく「家」というものの繁栄の中に自分がいるという一体感です。

もちろん、こうした考え方には批判もあるでしょう。戦後の民主主義は、家の呪縛《じゅばく》から個人を解き放つ改革でもあったからです。家のために好きでもない人と結婚する。家のためにやりたくない仕事を継ぐ。そういう「家」に縛《しば》られる生き方を否定し、個としての平等を説いたのが戦後の思想です。

もちろん、これは民主主義的でいい考え方だと思います。

しかし、こうした新しい家族像が実現された結果、今度は人生を個としてだけ捉えることによる弊害が出てきているように思うのです。

結婚して、子どもを産んで、次の子孫につなげる。そうしたごく当たり前の、生物が普通に行なってきた本能的なものも、最近は弱くなってきているように感じます。そもそも結婚したいと思う人が減り、結婚して子どもができても、子孫のために頑張ろうということがモチベーションにならないという人もいます。

では自分のためには頑張るのかというと、自分の人生だけなら、親が残した家があるから、そこまで頑張らなくても適度に稼いでいれば、とりあえず今の日本なら生きていける。そうなると、働く意欲もエネルギーもわいてこない。そういう人たちが増えてきていることが、私には危うく感じられます。

ですから、これもバランスだと思います。家のために個としての自分の人生をすべて犠牲《ぎせい》にするのも行きすぎですが、個のためだけの人生というのも充実しにくいものなのです。

これは本書の中に登場する家訓にある言葉ですが、「自分の一生は次の世代への三〇年間の手代」と考え、子や孫のために頑張って生きたほうが、人生は充実しやすいのではないかと思います。

人間は相互的な関係の中で人間になっていきます。子どもがいるから父になり、母になる。後輩がいるから先輩になる。下がいるから頑張れるし、いいものを残したいと思うから最後まで努力する。そうしたことで、結果的に自分が死ぬときに充実した一生だったと思える人生になるのです。

イギリスの動物行動学者リチャード・ドーキンス博士は、生物を「遺伝子の乗り物」と見なすことで利他的行動を説明しました。確かに私たちは遺伝子の乗り物にすぎないのかもしれません。それでも、他を思うことで自分の生きている時間が充実することがあるのは事実です。

それがたとえペットであっても、ペットロス症候群があることからもわかるように、世話をする存在をなくした人は精神的に落ち込みます。これは、人間は自分一人では充実感を得ることが意外に難しいということでしょう。

何かを伝えたい、何かを残したいという思いが充実感につながるのは、自然なことであり、その相手が自分の遺伝子を受け継いだ子孫だということになれば、そこにさらに「これが連綿と受け継がれていく」という思いが加わり、一層強い充実感をもたらします。

最近の人には、こうした思いから得られる充実感が欠けがちです。自分のことだけ考える、いわば「一代限り」の考え方、生き方が増えてきました。どうせ一代限りの生き方をするのならば、いっそ井原西鶴《いはらさいかく》の『好色一代男』のように、自分の好きなことをとことんやり尽くしてやる、という人生を送ったほうが充実します。

『最強の世渡り指南書――井原西鶴に学ぶ「金」と「色」』（祥伝社新書）でも述べましたが、井原西鶴はその作品の中で、始末して繁栄する生き方と、一代限りと割り切って楽しみを尽くす生き方との両方を描いています。

遊びまくることを幸福だと感じる人生もありますが、普通の人にはそこまで振り切ることはなかなか難しい。一方、次世代にちゃんとしたものを残すことを考える生き方は、自分をコントロールする生き方なので、「普通」の生活をしながら、強い幸福感を得ることができます。

今の時代ですから、謹厳実直《きんげんじっちょく》にひたすら子孫の繁栄のためだけに生きるというのは、ちょっと無理があると思いますが、その辺はうまくバランスをとって、自分の生活の楽しさも味わいつつ、家というものの存続を、フィクションでもいいので考えてみる、というのがいいのではないでしょうか。そうすると、孫の中学入試の難しい算数問題は解けないかもしれないけれど、人生の経験者として生きていくうえで大切なことは自分にも教えることができる、ということに気づくはずです。

実際の家訓を見るとわかりますが、その内容は決して特別なものばかりではありません。ある意味で当たり前のことも、子孫のことを心から思うおじいさんやおばあさんの言葉は強さが違います。人が生きていくうえで背骨を作る手助けになるのはそうした強い言葉ではないかと思います。

家訓を自分へのアドバイスとして読む

過去を見ると、日本には倫理観を欠いた時代があることに気づきます。

たとえばバブル期。人々が倫理観を欠いて投機に走ってしまったために、多くの不良債権ができました。あのとき日本人は、お金だけでなく精神の不良債権も作ってしまったように思います。バブル期というのは、ある意味まじめに生きる人が損をするような時代でした。株や土地に実態以上の値段がつき、それらを転売するだけの虚業で莫大《ばくだい》なお金を儲《もう》ける。そんなことがいつまでも続くはずはありませんでした。

その後のリーマン・ショックのときも同様です。全世界的に被害が広まっても、アメリカで儲けていた投資銀行の人たちは悪びれた様子もなく、政府から支援を受けてもなお高額の報酬を要求しました。

こうした倫理観を欠いた経済社会が、バブル期の負の遺産でした。

しかしその一方で、震災が起きたことで、人々の心に「まじめに生きなくてはいけない」「人と人とのつながりが大事だ」という思いも目覚めています。

そんな今だからこそ、家訓というものを通して次の世代のことを視野に入れつつ、今の自分の生き方を考えることはとても大きな意味があるのではないでしょうか。

本気でアドバイスをしてくれる人が、以前よりは減りました。そういう中で、自信を持って、強いことを、親身になって言ってくれる人の言葉を聞くことは、大きな刺激になるはずです。これらの家訓を残した人は、直接の祖先ではありませんが、彼らの次世代を思う心に偽りはありません。その心からの思いを、今回は自分に対するアドバイスだと思って受け取ってみようではありませんか。

実際には、これらの家訓を作った人は自分の父親でもおじいさんでもないけれど、「自分はこの家訓を受け継いだ人間である」として、その教えを受け取る。

実は、私はそういうことが得意です。

『ゲーテとの対話』はドイツの詩人エッカーマンが、若き日に老年のゲーテと交《か》わした会話を記録したものですが、読んでいるうちに自分も一緒にゲーテの言葉を聞いているような気持ちになります。私も読み進むうちに、もしかしたらエッカーマンより自分のほうがゲーテの言葉の本質をわかっているのではないかとさえ勝手に感じ、最後にはゲーテおじいさんの言葉を完全に私自身へのアドバイスだと思って読んでいました。

『論語』も同じです。『論語』は生き生きとした言葉で綴《つづ》られているうえ、孔子は自分の息子と弟子を区別していません。彼が息子にするアドバイスと、弟子たちに言う言葉はまったく同じなのです。そんな親身な言葉なので、これも自分へのアドバイスとして読むことができました。

鎌倉時代の武将をご先祖さまだと、三井《みつい》財閥の当主を祖父だと思ってみる。ピンとこないかもしれませんが、そこは豊かな想像力で補ってください。

実際やってみると、それは思うほど難しいことではないはずです。なぜなら、昔の武将も、近江《おうみ》の豪商も、明治の財閥の経営者も、通底するものは驚くほど似通っているからです。

自分は立派な家柄ではないからと遠くに感じる必要はありません。彼らは武力や財産を背景にものを言っているのではなく、むしろ子孫に一人の人間として恥じることがないような生き方をしてほしいという思いからアドバイスをしています。

彼らが「家訓」として次世代に伝えようとしているのは、「人としての生き方の基本」なのです。そこに昔も今も大きな違いはありません。

ですから、本書の中から一つでいいので、自分の生き方の指針となるものを見つけ、それを手帳やスマホを使って、いつでも見ることができるようにしてみてください。そして、それを他人の家訓だと思うのではなく、自分のおじいさんが残してくれたアドバイスだと思って考えてみるのです。そうすれば、きっとその一言があなたの人生を支えてくれるものになるでしょう。

家訓とは少し違いますが、世阿弥《ぜあみ》は子孫に残すものとして『風姿花伝《ふうしかでん》』や『花鏡《かきょう》』を書きました。『風姿花伝』は世阿弥が亡き父、観阿弥《かんあみ》の教えを基にまとめたものなので、そこに込められた思いは家訓に近いものだと言えます。

これらの書は世阿弥の芸術論をまとめたものと言われていますが、それだけではありません。世阿弥が生きた時代は、まだ能は完成されたものではなく、多くのライバルが競合していました。その中で、家の業が廃《すた》れず繁栄していくためには何が大切なのかということを考えた末、世阿弥がたどり着いた「花」ということを、子孫に伝えるために世阿弥はこの本を書いたのです。

ですからこれらの書は芸術書であるとともに、子孫への切実なアドバイスの書でもあるのです。そのため『風姿花伝』は、「絶対にほかのものに見せないように」という言葉で締められています。

そんな門外不出の秘伝書も、今は日本人の知的共有財産として出版されたことによって、多くの人が世阿弥のアドバイスを自分へのアドバイスとして受け取れるようになっています。それと同じように、本来パーソナルなものとして作られた家訓ですが、これらを見直すことで、日本人の新たな知的共有財産として、多くの人の人生に役立つものになることを願っています。

第1章

「人目」が何よりも大事

——生活の訓《おし》え

武士はいつも笑顔でいなければならない

万人に昵《むつ》ビ、能《よ》ク思ハレ、皆人ゴトニ漏《もら》サズ語《ことば》ヲカケ、貧《まずし》ゲナル者ニ哀《あわれ》ミヲナシ、妻子眷属《けんぞく》ニイタルマデ、常ニウチ咲テ、怒レルスガタミユベカラズ。

万人と睦《むつ》び、あらゆる人から好意をもたれるように、一人一人にもれなく言葉をかけ、貧しいような者には憐《あわれ》みの情をかけ、妻子身内の者に至るまで、常に笑顔で接して、怒った様子を見せてはならぬ。

(北条重時《ほうじようしげとき》「六波羅《ろくはら》殿御家訓」第一条)

この家訓を残したのは鎌倉時代の武士、北条重時です。

北条重時は、鎌倉幕府第二代執権・北条義時《よしとき》の三男に当たる人物です。北条政子《まさこ》の甥《おい》に当たる重時は、六波羅探題《たんだい》北方、鎌倉幕府連署など幕府の要職を歴任し、執権政治の安定に大きく寄与した人物として知られています。

北条重時の家訓は、本書が参考にしている『家訓』（小澤富夫訳）でも冒頭に掲げられており、内容が特徴的で非常に面白いものです。

鎌倉時代の武士というと、厳《いか》めしく、少々荒っぽいイメージもあるので、「笑顔でいろ」と家訓に書いていたのは少し意外な感じがします。武士たるもの、そんなに簡単に笑ってはいけない。いや、そもそも武士が笑ったのだろうか、というのが現代人の武士に対するイメージだと思います。

この家訓は、そんな私たちのイメージが思い込みに過ぎないことを教えてくれます。何しろ「常に笑顔でいなさい」と言っているのです。外国人は、日本はどこの店に入っても笑顔で応対してくれるので印象がいいと言いますが、その「笑顔」はなんと鎌倉時代から続く日本の伝統だったのです。

しかもこの家訓では、他人に対してだけではなく、妻子や身内に対してまで笑顔でいろと言うのですから徹底しています。さらに、貧しいものには哀れみの情をかけて、一人ひとりに漏れなく言葉をかけなければだめだというのですから、仕事場でも笑顔、家庭でも笑顔、親戚の集まりでも笑顔と、まさに文字どおり「常に笑顔」でいなければなりません。たかが笑顔と思うかもしれませんが、それが常にということになると、これはかなりの「人格」が要求されます。

では、なぜ北条重時は常に笑顔でいなさいと言っているのでしょう。

実はこの理由がまた意外で、原文では、「万人に昵《むつ》ビ、能《よ》ク思ハレ」とあります。現代文にすると、「すべての人と仲良くして、よく思われるようにしなさい」ということです。

しかもこの家訓は北条重時の残した家訓のトップの項目なのです。人は大切なことを伝えるとき、たいてい一番最初か最後に書くものです。ということは、これは彼の家訓の中でもかなり重要なものだということです。

「天下無敵というのは敵をバッタバッタとなぎ倒すことではないんだよ。天下に敵がいないということなんだ」

これは、ある出版社の方から養老孟司《ようろうたけし》先生の言葉として伺《うかが》ったものです。私はこの家訓を読んだとき、この話を思い出しました。

天下無敵というと、普通は次々に敵をなぎ倒す強者のイメージを持つと思います。

私もこの話を聞くまではそう思っていました。しかし、考えてみれば「敵がいない」ということを言っているだけで、特に武力的なことを言っているわけではありません。

テレビを見ていると、「この人は、敵なんていないだろうな」と感じることがあります。一口で言うなら好感度の高い人です。そういう人は、無理をしなくて済むので悠々《ゆうゆう》としています。

一方、「この人は熱烈なファンもいるけれど、嫌っている人もたくさんいただろうな」と感じる人もいます。そういう人は芸能人としては個性があっていいと思いますが、生きていくうえではなかなか大変でしょう。

好感度の高い人というのは、おしなべて笑顔の印象があります。それも自然な笑顔です。八方美人の人も常に笑顔を湛《たた》えていますが、みんなにいい顔をしようという無理が感じられ、どことなく疲れを感じます。

そう考えると、普通にしているのに天下に敵がいない「天下無敵」の人がもしいるとすれば、それは確かに「万人と仲良くして」、「常に笑って怒る姿を見せない」人なのかもしれません。

そうだとすれば、この家訓は「天下無敵を目指す家訓」だということになります。力で相手を圧倒するのではなく、笑顔をもって敵がいない状態を目指す。そう考えると、武家の家訓の第一条に「常に笑顔でいなさい」がきていることが、とても意義深く感じられます。

当時の大きな武家は、使用人や家来など家の中にいろいろな人がいました。家自体が一つの大きな会社みたいなものと言えます。今にたとえるなら大企業のようなものと言えるでしょう。さらに、身内以外にも同盟国の使者や朝廷の関係者など、いわば「取引先」の人間も頻繁に出入りしていたと考えられます。

この家訓は、そういう複雑な人間関係の中で中心に立つ人物、つまり次代のリーダーに対して贈った言葉です。

普通はリーダーに贈る言葉というと、「判断力を鍛えろ」とか「利益を上げろ」といった能力的なものになりやすいのですが、そうしたことよりも、日々の日常的な立ち居振る舞い、生活態度における心がけが重要だとして、自分が周囲からどう見られているのかを考え、「常に笑顔でいろ」と言っているのです。

日本人は人の目を気にしすぎると言いますが、鎌倉時代の武士ですら人の目をこれほど気にしているのですから、これはもう日本人の性《さが》なのでしょう。

笑顔というのは小さなことですが、常にそれを実践するためには全人格的に整えていかないとなかなかできません。しかも、「ウチ咲テ」の「ウチ」は強調の意味を持つ接頭語ですから、普通の笑顔よりも、もう少し明るい笑顔が求められています。

これは、私がよく言う「上機嫌」に近い笑顔と言えるでしょう。

私が「上機嫌」ということを実践するようになったのは、実は、二十代のときにすごく不機嫌な時代があったからです。しかしある日、ふと思いました。私は自分は運が悪いと思って不機嫌になっているけれど、このままでいたら、いよいよ運が回ってこないのではないか、と。

そこで、できるだけ機嫌良く人と接するようにしました。すると、流れが変わってきたのです。大学で授業を持ち、学生を教えるようになると、人を前にしたとき自然と気持ちがわき立って、上機嫌になっている自分に気づきました。家庭でも、子どもができて一緒に遊んだりしていると上機嫌でいることが増えました。仕事が少しずつ順調になっていくと、自分が必要だと思ってもらえることが嬉《うれ》しくて、さらに機嫌が良くなっていきました。

もしかしたら人というのは、仕事でも家庭でも、期待されている状態にあることで上機嫌になれるものなのかもしれません。そういう意味では、仕事がなく、家庭もない人が上機嫌になるのは結構難しいことなのかもしれません。

不機嫌な人は孤独な人です。しかし、だからといって不機嫌でいると、いよいよ孤独になってしまいます。不機嫌と孤独の悪循環がある一方で、上機嫌な人には、周りの人が寄ってくるのでさらに賑《にぎ》やかになるという幸せの循環が生まれます。

家訓は子孫が幸せな人生を送ることを願って書かれるものですから、子孫たちがこの幸せの循環に入ることを願って、その第一歩となる「常に笑う」ことを教えているのかもしれません。

室町時代の怒らない技術

忽《たちまち》ニ事ヲ計ルベカラズ。腹ノタツヲシズメヌサキニ楚忽《そこつ》ニ計ツレバ、後悔スル事出《いず》クル也。ヤスカラズ思事アラバ、目ヲフサギテ能〻《よくよく》安ズベシ。

怒りのままに即座に事を処理すべきではない。怒りを静めぬ前に、軽はずみに事を取裁くと、必ず後悔することがあるであろう。どうしても心が落着かぬことがあれば、眼を閉じてよくよく思案をするのがよい。

（北条重時「六波羅殿御家訓」第四条）

北条重時は、「怒っている姿を見せるな」「怒りにまかせて行動してはいけない」と繰り返し言っています。怒っている姿を人に見せれば、人間的に未熟な者だと思われるからというのが、重時の家訓の文脈です。

また重時は、家訓の中で「振舞い方に気をつけろ」ということも繰り返し言っています。これは、自分の行動が人からどう見られるか考えて行動しなさいということです。重時がすごいのは、それを手を替え品を替え、日常のすべてにわたって懇々《こんこん》と説いていることです。

仕事のときだけきちんとしていても、家では横暴に振る舞うようではダメだ。妻子はもちろん、使用人に至るまで笑顔で接しなさい。日常生活まで徹底しろということは、円満な人格を作り、その人格をもって人生を貫《つらぬ》きなさいということです。

人の目を気にして行動するというといかにも主体性がないように思うかもしれませんが、実は日常生活のあらゆる場面に人の目はあるわけですから、人格ができていないと、そこここでほころびが出てしまうということでもあります。

たとえば、地位を失ったとたん、その人の悪口が噴出するということがあります。周囲の誰に聞いても、その人をよく言う人がいない。こんなにもあの人は嫌われていたんだ、ということが初めてわかる。

そうしたときに悪く言われる理由の多くは、すぐ怒る、怒鳴《どな》る、ちょっとしたミスを責め立てたりねちねち言いつづけたりするといったことです。人がやった仕事をまるで自分の手柄のように吹聴《ふいちょう》してまわる上司も嫌われます。人の手柄は俺のもの、自分のミスは人のせい、しかも感情的に怒鳴り散らすとくれば、もうその人はワンマン社長でもないかぎり社会では通用しないでしょう。

以前、ある組織の偉い方が辞められるときに、お別れ会のようなものがあったのですが、人の集まりがすごく少ないのです。私は付き合いがあったので行ったのですが、来るべき人も来ていない。

なぜこんなに集まりが悪いのだろう、と思っていたのですが、あとで来なかった人に会ったときに聞くと、少し口ごもりながら、「当時、本当にきつかったんですよ。怒鳴り方が普通じゃなくてね。とにかく火がつくと止められなくて。悪い人ではないんでしょうが……」と言われたことがあります。

感情のコントロールができていない人には、結果的に人は付いてこないのです。目指すは「常に笑顔」ですが、そこまでの人格はなかなかできるものではありません。生きていれば腹が立つこともあります。そうしたときでも、せめて感情のままに怒りを爆発させないようにはしたいものです。

北条重時もそう思ったのではないでしょうか、どんなに腹立つことがあっても、怒りのままに行動してはいけない。怒りを鎮《しず》めずに物事を決めれば必ず後悔することになる、と諭《さと》しています。さらに、怒りが鎮まらないときには「目ヲフサギテ能〻安ズベシ（目を閉じてよくよく思案するのがよい）」と、対処法まで伝授しています。

この家訓の面白いところは、「腹立事アリトモ、人ヲ殺害スベカラズ」と言っているところです。こういうあたりは、さすがに武士の世の教えだと感じさせられます。おそらく当時は、こうしたことが非常に切実な問題としてあったのだと思います。本当に腹立ちまぎれに人を斬ってしまう人がいたということです。

さすがに今は腹立ちまぎれに人を殺害する人は滅多にいないと思いますが、殺害を「暴力」、「言葉の暴力」という言葉に置き換えてみると、この教えは今でも充分に通用します。

昔は職場で上司に殴《なぐ》られるということがよくありましたが、今は会社で暴力を振るう人はほとんどいません。しかし、外で出さなくなったせいか、家庭内暴力は増加する傾向にあると言われています。家庭の中は法律が入りにくい部分なので警察も介入しにくく、被害が表面化しにくいという問題があります。しかし、家庭であっても、社会と同じように暴力を振るうことはもちろんいけないことです。

殴る蹴《け》るという物理的な暴力はなくても、言葉の暴力をしてしまう人はいると思います。言葉の暴力は、時に実際の暴力以上に人を傷つけることがあるので、カッとなりやすい人は、この家訓を胸に刻むといいのではないでしょうか。

嫌なことを言われたときに、カッとしてそのまま嫌な言葉を返してしまいたくなったら、目を閉じて思案するのです。そして、今ここで怒りにまかせてやり合ってもいいことは何一つない、そう思ってやり過ごすのです。

重時が言うように、私たちの行動や言動は常に誰かに見られています。一時の感情で誤った判断をして、後悔しないためにも、他人の不興を買わないためにも、まずは心を鎮めることが大切だとこの家訓は教えているのです。

怒りを鎮めることの大切さを説く家訓はほかにもあります。斯波《しば》義将《よしまさ》の家訓『竹馬抄』にも心を鎮めることの大切さが記されています。

いかにはらだたしからん時も、まづ初一念をば心をしづめて理非をわきまへふせて、我道理ならんことははらも立べき也。

どんなに腹立たしく思うときでも、まず怒りの心を鎮め、道理と非理とをよく分別して、自分の方に道理がある場合は、腹を立ててもよいであろう。

（斯波義将「竹馬抄」第九条）

この家訓を残した斯波義将は、南北朝時代から室町時代の守護大名です。十三歳の若さで幕府の管領職に就任するも、彼を後見していた父の高経《たかつね》が傲慢《ごうまん》な人間だったことで周囲の反発を買い、四年で失脚。しかし翌年、父親が亡くなったことで彼は罪を許され中央に復帰、それからは室町将軍を補佐し、三十年もの長きにわたって幕府の重鎮として勤め上げ、斯波家の最盛期を築いたというなかなかの苦労人です。

そんな義将は、怒りっぽいのは人として「何よりも見苦しい」ものだと言い切っています。そして、おそらく彼は自分にもこの家訓と同じことを言い聞かせて生きてきたのでしょう、義将は寛大な性格の持ち主だったと伝えられています。

このほかにも、ほとんどの家訓が、と言ってもいいぐらい多くの家訓が「怒りを鎮めよ」と言っています。

そして最近も『怒らない練習』（サンガ出版／アルボムッレ・スマナサーラ）『「怒り」を消す技術』（マキノ出版／備瀬哲弘《びせてつひろ》）『もう、怒らない』（幻冬舎／小池龍之介）など、怒りをコントロールするための本が数多く出ています。今の時代、暴力を振るうことまではなくても、他人の行動や言動にイラッとすることは多々あり、そうしたときの感情のコントロール方法や、溜めてしまったストレスに苦しんでいる人が沢山いるということです。

「怒りを鎮めて心穏やかに保て」ということは、人が生きるうえでの永遠のテーマであり、最も大切なアドバイスの一つだと言えるのではないでしょうか。

口を慎むことの大切さ

善悪にかかわらず、人のことをあれこれ話すべきではない。北条重時はそのように説いています。

一　百人の親昵《しんじつ》ノ殿原《とのばら》アリトモ、其中ニ一人イト心ノ程知ラザラン人交《まじわ》リタラバ、穴賢《あなかしこ》、人ノウヘヲ悪《あ》シク云《いう》ベカラズ。

百人の親しみなじんだ仲間がいる席でも、その中に一人でも気心がよく知れぬ人がいる時には、決して他人の悪口を云ってはならぬ。

（北条重時「六波羅殿御家訓」第十五条）

たとえ親しい間柄であっても、その場に気心の知れない人が一人でもいた場合、その悪口が漏れてしまう危険があるからだと諭しています。

実際、こうしたことはよくあります。

仲間内で気心が知れていると思って話した言葉が、告げ口ということでなくても、思わぬ形で漏れ、相手の耳に入り関係がギクシャクしてしまうということがあります。

話したほうからすれば、その場にいた人たちを信じていたのにということであっても、中には気心が知れていない人が混じっていたり、あるいは大丈夫と安心していた人が漏らしてしまうこともないわけではありません。

特に、今のようにブログやツイッター、LINE（ライン）などさまざまなツールで多くの人が情報を共有しているような時代は、ここだけの話とか内緒話というのはもう成立しないと言っていいでしょう。

こうしたツールがなかった時代なら、仲間うちで「あれはないよね」と、人の陰口、悪口を言いながら楽しむということが、人の楽しみとして成立しました。小林《こばやし》一茶《いっさ》の句に、「千葉寺《ちばでら》や隅に子どももむり笑ひ」というものがありますが、これは「千葉《ちば》笑い」と呼ばれる行事が行なわれていた千葉寺《せんようじ》を一茶が訪れたときに詠んだ句です。

千葉笑いとは、広辞苑によれば「千葉市中央区の千葉寺で、江戸時代に行われた習俗。毎年大晦日の夜人々が集まり、顔を隠し頭を包み声を変えて、所の奉行・頭人・庄屋・年寄たちの善悪などを言いたて、また行状の悪い人に対して大いに笑い、褒貶《ほうへん》した」だといいます。つまり、みんなで集まって、一応だれが言っているのかはわからないようにして、人の悪口を言って楽しんでいたということです。

でも、現代においてはもうこうしたことはできません。今はみんなが拡声器を持っているような状態なので、ちょっとした一言でも、それがネットを通じてワーッと広がってしまい、事件になってしまうこともあります。

そのように考えると、「あれこれ口にすべきではない」というこの家訓は、当時もさることながら、今の時代にこそ重要性の高いものだと言えるのではないでしょうか。

情報が漏れるという意味では、武田信繁《たけだのぶしげ》の家訓の第三十七条に「自分の家中の悪事を決して語ってはならぬ」というものがあります。

武田信繁という人は、武田信玄《しんげん》の同母弟で、武田二十四将の一人にも数えられる武将です。信繁の家訓は全部で九十九条もある長いものなのですが、なんとそのすべてに出典が記されているのです。

先ほどの第三十七条は、『伝燈録《でんとうろく》』や『碧巌録《へきがんろく》』といった古典を引用しています。

他家の人に対し、家中の悪事、努々《ゆめゆめ》語るべからざる事。云《いわ》く、好事門を出でず、悪事千里を行く。碧巌に云く、家醜外に向ひて揚《あげ》ることなかれ。

他家の人に対して、自分の家中の悪事を決して語ってはならぬこと。云う、「善いことを行ってもながく世間に知られないが、悪事はすぐに千里の遠方まで知れわたる」（『伝燈録』）。また『碧巌録』に云う、「家中の醜事を外に向ってひろめることはない」。

（「武田信繁家訓」第三十七条）

『伝燈録』というのは、『景徳《けいとく》伝燈録』とも言われ、中国の北宋《ほくそう》時代に道原《どうげん》という僧が編纂《へんさん》した禅宗の歴史を綴ったものです。一方『碧巌録』は、やはりこれも中国の古典ですが、特に臨済宗で尊重された禅の公案集（禅問答の問題集）です。

信繁の家訓には、他にも第五条の「どんなときも嘘を言ってはいけない」とか、第八条の「自分の力量に不相応なことは一言たりとも言ってはいけない」、第十九条の「恨み言や無用の雑談をしてはならぬ」、第二十一条の「他人を悪く告げ口するものを許してはいけない」など、発言に関する家訓がたくさんあります。

そして、そのすべてに引用元の古典が明記されています。見ていると、いったい信繁という人は、どれほどすごい古典の素養を持っているのだろう、と驚かされます。彼の家訓は、まさにその「引用力」のすごさが魅力です。

さすがに、信繁の古典の知識は群を抜いていますが、幕末から明治にかけて活躍した日本を代表する実業家渋沢栄一の家訓にも、彼の豊富な古典の知識を見ることができます

渋沢栄一は、五歳のときから父に厳しく三字経《さんじきょう》の素読を教わり、七歳までに『論語』を終え、その後は四書五経や『日本外史』を学ぶなど、とにかくものすごい量の読書をした人です。中でも幼い頃に素読によってその身に染みこんだ『論語』の思想は、家訓の中にも取り入れられており、まさに彼の精神の背骨となっていたことがわかります。

渋沢の家訓は、「処世接物の綱領」「修身斉家の要旨」「子弟教育の方法」という三つに大別されています。その中の「処世接物の綱領」全七条の中の最後に次の言葉があります。

口舌《こうぜつ》ハ禍福《かふく》ノ因《より》テ生ズル所ノ門ナリ故ニ片言隻語《へんげんせきご》ト雖《いえど》モ必ズ之ヲ妄《みだ》リニスベカラズ。

言葉は禍福ともに引き起こす入り口のようなものだ。ほんのちょっとした言葉であっても、軽率に口にしてはならない。

（渋沢栄一「処世接物の綱領」第七条）

「口は禍《わざわい》の元」というのはよく言われる言葉ですが、渋沢は、言葉は良いことも悪いことも引き起こすのだから、言葉を大切にしなさいと言っています。

『論語』には「巧言令色《こうげんれいしょく》鮮《すくな》し仁《じん》」「剛毅木訥《ごうきぼくとつ》仁に近《ちか》し」という言葉があります。これはそれぞれ「口が上手い人間には仁が少ない」「強い意志を持ち無口な人間のほうが仁に近い」という意味です。「仁」というのは、儒教が最も重視する徳目で、簡単な言葉に置き換えれば「人に対する思いやり」ということです。

こうした言葉を通して孔子が伝えようとしているのは、「あまり余計なことを言うな。人間に大切なのは信だ」ということです。信とは言葉と行ないが一致していることですから、できもしないことを言ってはいけない、ということです。

渋沢はこの家訓と同じような言葉を著書『論語と算盤』の中でも言っています。

口舌は実に禍いの起る門でもあるが、また福祉の生ずる門でもある。

そして、信という意味では『渋沢栄一訓言集』に、次の言葉が見られます。

自分が信じぬことは言わず、知った以上は必ず行うという念が強くなれば、自然に言語は寡黙《かもく》になり、行為は敏捷《びんしょう》になるものである。

いずれも『論語』を自らの精神の背骨とした、渋沢栄一らしい言葉です。

武士も見た目が九割？

北条重時という人は、結構些細《ささい》なことが気になるタイプだったようで、日常的な細かいことに関する条文をいくつも家訓に残しています。

たとえば第二十七条は魚や鶏料理の食べ方について述べているのですが、このようなことまで家訓として残す必要があるのだろうか、と思ってしまうほど細かな指摘がなされています。

> 一　魚鳥ノアランヲ、ハウニスギテヲシキリ〱能ガマシク食事アルベカラズ。サレバトテ、ハサキヲクイキリテ、舌ノサキニ懸テ、ナブリナンドスベカラズ。男《ヲトコ》ゝシカラズ。タゞヨキ程ニ計ベシ。

魚や鳥の料理の場合、余りにも作法だてをして、得意気に押切り押切りわざとらしく食べるべきではない。そうであるからと云って、鳥の羽先を食い切り、舌の先でなめるなどするのは、一人前の男らしい食べ方ではない。よく時と場を考え適宜にすべきである。

（北条重時「六波羅殿御家訓」第二十七条）

ここでは、魚や鶏料理の食べ方について、あまりわざとらしく食べるべきではないが、かといって鶏の羽先を舌の先でなめるようなことも男らしい食べ方ではない、と言っていますが、他に、麦を食べるときについても「もったいぶってたべてはいけない（第二十五条）」と言っています。当時麦は、身分の低い者の主食だったらしく、その理由として「下々の食物を食べる場合」は、「下々の人と同じように振舞って人目に立たぬように食べるべきである」と言っています。

重時の家訓の柱となっているのは、この「人目」というものです。つまり周囲の人たちから自分の行動や言動がどのように見られるのか、常にそのことを考えて行動しろと言っているのです。ですから、麦を食べる場合の作法については、最後に「しかし家の内で食べる場合にはその限りではない」と、家の中なら好きな食べ方をすることを許しています。

人目を気にする重時は、身だしなみについても言及しています。錆《さ》びた刀を持ってはいけない（第三十条）とか、人前でつばを吐いてはいけない、吐くときには懐紙を使いなさい（第三十一条）というように、本当に細かい指摘をしています。

また、人前に出るときは、よく鏡を見て身なりを整えなさい（第三十二条）と言い、では服装はどのようなものを着ればいいのかというと、みんなが着ているようなもので、派手すぎず人目を引かないものがいい、特に若い人は年に不相応な直垂《ひたたれ》、柿渋《かきしぶ》の色など、年長者が着るものを好むべきではない（第三十六条）と、現代のファッションチェックばりに細かな指示をしています。

大勢の人が集まる酒席でのマナーについては、さらに細部まで気を配れと言います。

まず、酒宴の席では貧しそうな身なりをしているものにはこちらから声を掛け、遠慮して下座にいる者は近くに招き、身なりで人を差別しないように（第八条）し、無礼講の席ではまじめすぎてはいけないと言っています（第三十四条）。また、無礼講の席では、他の人よりも一層楽しそうに見られるような軽い態度を取ることが必要だが、かといって、宴席で無教養で下品な言葉を使ってはいけない（第三十五条）としています。

あれはいけない、これもふさわしくない、こういうときはこのようにするのがいい、と細かなことをいろいろと言っていますが、食事や酒席のマナーに関しては、「それは会合の人にもより、時宜によって振舞うことが肝要《かんよう》である（第三十四条）」というように、周囲の雰囲気に合わせて、臨機応変に自分の行動を合わせることが大切だとしています。

重時の家訓を読んでいると、鎌倉時代の武士がいかに人目というものを気にしていたのか、そして、これほどまでに細かい気配りをしながら生活していたのかと思い、鎌倉時代の武士の印象が変わります。

重時の家訓に酒席のアドバイスが多いのは、当時は「酒宴の席」というものがとても重要な機能を果たしていたからだと思います。

しかしそこで語られている、宴席らしくみんなが楽しめるように率先して場の雰囲気作りをし、節度を保ち、そして何よりもその場の雰囲気を読んで自らの言動や態度を決めなさいという重時の家訓は、現代でもそのまま通じるものです。

事実、無礼講だと言われたからといって、本当の無礼講をやってしまって周囲の顰《ひん》蹙《しゅく》を買うというのは、宴会慣れしていない者のやる過《あやま》ちです。最近の若者は、こうした距離感を計りながら身を処すということが面倒くさいのでしょう、酒席自体を避けることが、彼らの中では一つの知恵のようになってしまっています。

しかし、酒席を避けるということは、人間関係力の弱さの表われでもあります。

会社での人間関係は、業務時間であればみんな普通に振る舞っているので簡単ですが、酒席になるとそれなりにくだけた親しい雰囲気になるので、普段とは異なる対応が求められます。業務中とも違う、かといって友達との関係とも違う、こうした微妙な人間関係の中での親しい雰囲気での振舞い方が面倒くさいのはある意味しかたのないことです。

こうしたものは、気を遣いながら経験を積み、その中で摑《つか》んでいくしかありません。さまざまな人と酒席を経験していくことで、「人間関係力」は向上していきます。

今の企業では酒席は少なくなってきていますが、それでも、パーティーや歓送迎会など、酒席での振舞いを、見る人は見ています。そして、そこできちんとできている人は、「こいつはなかなか人間関係力があるな」と評価が上がることも実際にあります。ですから、酒席を避けてばかりいるのではなく、酒席は人間関係力を磨く場だと割り切って、積極的に参加することをお勧めします。

北条重時の他にも、「武士の作法」ということでは、伊勢《いせ》貞親《さだちか》という人が細やかな家訓を残しています。

伊勢貞親は室町時代の武士で、室町八代将軍・義政《よしまさ》の養育係をした人物です。貞親の家訓は、自ら『為愚息教訓一札』と名付けていることからもわかるように、息子・貞宗《さだむね》に残した教訓状として書かれたものです。伊勢氏は代々足利《あしかが》将軍家の嫡男《ちゃくなん》の教育に当たる役目を担っていたこともあり、貞親は息子が伊勢氏の当主として立派にその役目を果たすことができるように家訓を残したのです。

一　衣装の事さのみ人に勝《まさり》たるは悪し。（中略）惣《すべ》て諸事に渡り、人に勝たる事の見事なるは、軍陣にての手柄高名の外《ほか》は知らず、其外の事は有様にすべき事、然《しか》る可《べ》しと也。

衣装のことについては、むやみと人よりまさったものを用いるのはよくないことである。（中略）すべて諸事において、人よりまさり立派であるのは、合戦での手柄・高名の他はさておき、その他の事はごく普通にすべきである。

（「伊勢貞親教訓」第十六条）

これは服装についてですが、先の北条重時と同じように、ごく普通のもので「人目に立たぬもの」がいいと書いています。人より立派であるべきなのは、合戦での高名だけで、あとはごく普通にすべきだとしています。

一　（前略）当代早人の振舞か様《よう》に劣に成下。後世の若者弥《や》さぞとおもはる、也。

今の世は、すでに人の振舞もこのように無作法になっているので、のちの世の若者はますます悪くなるものと思われる。

（「伊勢貞親教訓」第十七条）

これは武士としての立ち居振る舞いについて述べた項の最後にある言葉ですが、面白いのは「今の世は、すでに人の振舞いもこのように無作法になっているので」これからはさらに悪くなるだろうと、先のことを案じていることです。この家訓が書かれたのは一四〇〇年代後半ですが、その頃から既に、「近頃の若者は……」と大人たちが案じていたということです。

いつの世も、このように大人たちが常に「今の若者はどうもだめだ」と言いつづけ、秩序やレベルを維持し、同時にそれぞれの時代に合わせた作法を構築することで、人間社会はある程度のレベルを保ってきたと言えるのではないでしょうか。
伊勢貞親は、この家訓の最後を「愚かなる心になお愚かなる筆にまかせて書き記し」た愚息への戒めなので、ほかの人は見ないようにと記したのち、一首の歌で結んでいます。

「子をおもふおやの心の闇晴れて　いさむる道に迷はずもがな」

重時の家訓にも貞親の家訓にも、子どものことを思うがゆえに、ついつい細かいことまで言わずにはおられなくなるという親心がよく表われています。

家をつぶさない遊び方

家訓の最大の目的は、「家の存続」です。そのため家訓は、「○○しなさい」というものより、家を滅ぼす危険のある事柄に対して「○○してはいけません」と戒める内容のもののほうが、どうしても多くなります。

家が滅びる原因はだいたい決まっています。「お酒」と「賭《か》け事」と「女」、俗に「飲む・打つ・買う」と言われる三つの「遊び」です。

そのためほとんどの家訓が、この三つの遊びについては禁止するか、「くれぐれも油断するな」という厳しい言葉をもって戒めています。

戦国大名の嚆矢《こうし》として知られる北条早雲《そううん》は、特に「遊ぶな」ということは言っていないのですが、早起きと夜の外出を禁止することで、結果的に遊べない環境を作り出すということをしています。

一　朝はいかにも早く起べし。をそく起ぬれば、召使の者迄《まで》油断致し遣《つか》われず。公私の用をかくなり。はたしては、かならず主君に見限れ申べし。深慎《ふかく》むべし。

朝は、いかなるときでも早起きをすること。主人が遅く起きれば、召使っている者までも気をゆるして働かず、公私にわたって、用をおろそかにするようになる。その結果、主君からも見捨てられることになると、深く反省して慎むべきである。

（北条早雲「早雲寺殿廿一箇条」第二条）

一　夕べは、六ツ時に門をはたとたて、人の出入により明さすべし。左様になくしては未断に有て、悪事出来るべきなり。

夕方には、六ツ時（午後六時）に門をぴったり閉め、人の出入りのたびに開門させるようにすべきである。そのようにしないと、家人たちも気を許してしまい、やがては悪事が起きるものである。

（同前第十九条）

夕方、午後六時には門をぴったり閉めて人の出入りを管理することで、夜中に遊びに出る奴がいないようにしたということです。遊ぶなと言わずに、まじめな家風を作ることで、生活がだらしなくならないように引き締めるというのは、なかなか賢いやり方だと言えるでしょう。

女遊びに関しては、具体的なことを言っている家訓は少ないのですが、北条重時の家訓に面白いものがあるのでご紹介しましょう。

一　白地《あからさま》ニモ女の許《もと》へ行事《いくこと》アルベカラズ。若《もし》我ガモト無骨ナラバ、心安カラム若党ノ許ヘヨブベシ。況《いわん》ヤ女の許ニトヾマル事、努々《ゆめゆめ》アルベカラズ。

仮そめにも、女のもとへ行くことがあってはならぬ。もし、自分の所が風情がなく気づまりであるならば、心安い若党のもとへ、女を呼ぶべきであり、まして女のもとへとどまるようなことは、決してすべきではない。

（北条重時「六波羅殿御家訓」第十三条）

これは読み方によっては、女遊びを禁止すると言うより、女性との上手なつき合い方を教える家訓と言えるかもしれません。言外に、そこら辺はうまくやれよ、というアドバイス的なものを感じます。

北条重時という人は、悋気《りんき》で知られる北条政子の甥なので、もしかしたら、女性の嫉妬《しっと》がどれほど恐ろしいものなのかということが身に染みていたのかもしれません。

女遊びに比べると、賭け事を禁じる家訓は実に沢山あります。戦国時代の武将・多《た》胡辰敬《ことときたか》も、はっきりと「賭け事をするな」と言っています。

実はこれには理由があって、彼の祖先の多胡重俊《しげとし》という人が、「日本一」と謳《うた》われたほどの博打《ばくち》の名人だったのですが、博打で「田の一反すら」残すことはできなかった。名人であってもそうなのだから、それほど博打が上手いわけでもない人間が博打をするのは「正気の沙汰《さた》ではない」と言うのです。

また彼は、賭け事をきつく戒めるとともに、先に挙げた「三つの遊び」も「人の正気を失わせるもの」として禁じています。

多胡辰敬の家訓の特徴は、一つの条文がとても長いことです。おそらくこの人は文章を書くのが好きだったのでしょうが、あまりにも長くて、読むのが辛くなります。

だから、というわけではないのでしょうが、各条文の最後に、彼の思いを集約したような歌が添えられています。この賭け事や遊びを禁止した条文の最後には次のような歌が添えられています。

カリソメモスマジキ物ハ銭勝負マクレバ持チシ財ヲウシナフ
財宝ヲモタデ博打ヲ打ツナラバカナラズヌスミ強盗ヲセン
盗人トナラバ知行ヲウシナフカイヤシキ者ハイノチウシナフ

(「多胡辰敬家訓」)

武家ですら固く戒めている賭け事ですが、商家の家訓ではさらに厳しく戒めています。

近江商人の一人、中村治兵衛《なかむらじへえ》が養嗣子・宗次郎《そうじろう》に宛てた家訓にも、賭博・勝負事の禁止が明記されています。

ばくち勝負事すきこのみ又ハおごる事、天道を不恐《おそれず》ほしいまゝに暮スもの、ばちを蒙《こうむ》リ家を売、子共ハ乞食するもの二極《きま》リ候、世間を見よ、皆其《その》通リニ多クのちにくやみても、かゑらす候（後略）

博打や勝負事を好むこと、又贅沢《ぜいたく》をすること、これは、天道を恐れずに、自分の本能のままに生きるようなものであるから、神様や仏様の罰を受けて、家を売り、最後は子供が乞食をすることになる。世間を見ると、そのような例が多いものである。後になって悔やんでも、元に戻ることはない。

（中村治兵衛「宗次郎幼主書置」第十条）

商家というのは、手元にお金があり、遊ぼうと思えば遊べてしまうので危険です。特に、苦労知らずの若旦那はちょっとボーッとしていたりするので、遊び好きの仲間におだてられ、放蕩《ほうとう》を尽くしてしまうというのがありがちなパターンです。

谷崎潤一郎《たにざきじゅんいちろう》の小説に、『幇間《ほうかん》』という短編があります。「幇間」とは俗に言う太鼓持ちのことで、宴席やお座敷遊びのときにおもしろおかしいことをして客の機嫌を取り、場を盛り上げることを仕事としている人のことです。

この小説は、もともと主人筋だった清吉という男が、芸者遊びをしていたところ、ひょんなことから自分が宴席で笑いものになったときに喜びを見出し、ついには本物の幇間になってしまうというちょっと面白い話です。

実際には清吉のように自ら好んで幇間になる若旦那はほとんどなく、遊びが過ぎて大切な身代をなくして後悔するというのが現実です。

今は当時のような大店《おおだな》の若旦那的な人はあまりいませんが、金持ちの子どもなど、自分で稼いだわけではないのにお金を持っている人は、どうしても気が緩み、博打や勝負事に手を出しやすくなるので注意が必要です。実際、ある会社の経営者が総額で一〇〇億円以上のお金を私的に流用し、その使い道の多くがカジノだったという話はまだ記憶に新しいところです。この経営者は、創業の三代目の若旦那でした。

ただ最近は、酒も飲まない、ギャンブルもしない、その上異性にもほとんど興味がないという「ない、ない、ない尽くし」の若者が増えています。そういう意味では、最近の若者は、期せずして三大遊びに手を出さない立派な世代ができているのかもしれません。でも、その分、覇気が足りないような気もします。もしかしたら、若者というのは、親の世代が戒めなければならないぐらいエネルギーに溢《あふ》れているほうがいいのかもしれません。

先ほども言いましたが、家訓というのは基本的に戒めるものなので、遊び方を教えるようなものはほとんどないのですが、珍しく「賭け事はこうやれ」という家訓があったので、それもあわせてご紹介しておきましょう。

この珍しい家訓を残したのは、鎌倉後期から南北朝時代にかけて活躍した武将・新《にっ》田義貞《たよしさだ》です。

まづ博奕《ばくえき》をせんに、一には心、二には物、三に上手、四には性、五には力、六には論、七には盗人、八には害なり。かの八に一も欠けては勝つ事あるべからず。まづ一に心とは、負くるを大事におもふべからず……（後略）

（新田義貞「新田左中将義貞教訓書」）

これは珍しいだけでなく、中身もなかなかユニークです。

まず、博打には心が大切である。賭けるものをたくさん持っていなければだめだ。技術的に巧みでなければいけないが、性格や気質も必要だ。力も大事だし、相手の不正を論破できるよう頭も良くなければならない。一方で「盗人」、すなわち自分が人をだます技術も必要で、最終的には「害」、つまりどうにも勝てなければ相手を殺して奪え、などと勝つために必要な八個の項目を挙げています。

本来ならあり得ないような家訓ですが、義貞がこのような家訓を残したのには、当時の時代背景もあったようです。というのも、この時代は世の中が乱れ、武士にも公家にも賭け事が横行していました。

そういう意味では、つきあい上博打をしなければならないのであれば、勝つ方法をきちんと伝えておいたほうがいいだろうという、ある意味、実利的な家訓と言えるのかもしれません。

遊びを厳しく戒めることの多い家訓ですが、ある一定の年齢になったら、好きなことをしていいというものもあります。
それは戦国末期から江戸初期にかけての博多《はかた》商人・島井宗室《しまいそうしつ》の家訓です。

一　生中、ばくち、双六《すごろく》、惣別《そうべつ》かけのあそび無用候。碁（碁）・将碁（棋）・平法《へい ほう》・うたひ・まいの一ふしにいたるまで、四十までは無用候。何たるげいのう成共《なりとも》、五十に及び候者くるしからず候。

一生涯、博打、双六など、およそ賭けごとの遊びは無用である。碁・将棋・武芸・謡・舞の一曲に至るまで、嗜《たしな》むことは四十までは無用である。しかし、どのような芸能であっても、五十になれば嗜んでもよいであろう。

（「島井宗室遺言状」第三条）

基本的に賭け事は禁止しているのですが、面白いのは、五十歳を過ぎたらどんな遊びもしていい、としていることです。

宗室の家訓は面白く、他の条文でも「五十歳に及ぶまでは後の世のこと、後生のことを願うのは無用（第二条）」、「四十歳までは、わずかなことでも贅沢をするのは無用である（第四条）」というように、ことあるごとに年齢を限って戒めています。

中でも「五十歳」というのは、宗室にとって大きなターニングポイントらしく、「五十歳までは」という言葉がたびたび使われています。

当時は人生五十年と言われた時代ですから、おそらくこれは、今の感覚に当てはめるなら、老後ならいいというニュアンスなのだと思います。今の日本は平均寿命が八十歳を超えるという超長寿時代です。これを人生五十年に当てはめると、遊んでいいのは七十五歳あたりを過ぎたらということになるのかもしれません。そう考えると、なかなか厳しい家訓と言えるのかもしれません。

信仰心を学んで心を安定させる

さまざまな家訓がありますが、そのほとんどに共通しているのが、「神仏を拝みなさい」という項目です。日本人は宗教心がないなどと言われますが、かつての日本人がいかに神仏を拝むことを重視してきたのかということが家訓を見ているとわかります。

そして面白いことに、そのどれもが「神仏（または仏神）」という言葉を使っており、神と仏が区別されることなく、セットで信仰の対象とされているのです。これは日本古来の信仰である神道と、外来宗教である仏教が、日本で渾然《こんぜん》一体となって混ざってしまっていることを表わしています。

本来の仏教は、輪廻《りんね》から解脱《げだつ》し、涅槃《ねはん》の境地という安らかな世界にいたる「成仏」を目指すものです。そして神道は、森羅万象に神を見出して崇敬し、奉《たてまつ》るというものです。そのため八百万《やおよろず》と言われる数多くの神が存在します。さらに神道では、偉い人や祟《たた》りを為すと恐れられる人が現われると、それも神様にして祀《まつ》り上げます。

たとえば、乃木坂《のぎざか》に乃木神社がありますが、これは明治時代の軍人・乃木希典《まれすけ》大将を御祭神とする神社です。他にも明治神宮は明治天皇を、何かと問題にされることの多い靖国《やすくに》神社は幕末から太平洋戦争にかけての英霊を御祭神としています。こうして人間も御祭神にしていくため、神道では神が増えていきます。

このように、神を祀るということと、仏を信仰するということは、本来はまったく別のことなのですが、このへんが日本人らしいゆるさなのでしょう。多くの人が神仏の違いなど気にせず、「手を叩くのはどっちだっけ」などと言いながら、神社で拝み、仏閣でも手を合わせます。

実際、どの家訓を見ても、仏様か神様、どちらかだけを拝みなさいという人はなく、みな一様に「神仏」を崇《あが》めなさいと言っています。

斯波義将などは、「仏神を崇敬し奉るべきことは、人として当然のことであり、改めて申すこともない」としていて、神と仏が一体化していることに疑問も疑いも持っていません。

三本の矢を用いて三人の息子に兄弟が結束することの大切さを教えたというエピソードで知られる戦国武将・毛利元就《もうりもとなり》も同じです。彼にとっては念仏を唱えることと、厳島《いつくしま》神社で神を祀ることは同じことでした。

十一歳にて伝授候て、是も当年の今に至り候て、毎朝多分咒《となえ》（誦）候。此の儀は、朝日をおがみ申し候て、念仏十篇づゝとなへ候ば、（中略）御三人の事も、毎朝是を御行《おこない》候へかしと存じ候く。日月いづれも同前たるべく候哉く。

十一歳の時以来、今日まで毎朝のように称名の行を続けている。これは、朝日を拝み、念仏を十編ずつ唱えるのであるが、（中略）御三方においても、毎朝この拝みをおこなわれるのがよいかと思う。これは朝日か月のいずれを祈っても同じである。

（「毛利元就遺誡」第十二条）

元就は自らの経験から、毎日念仏を唱えることを勧めているわけですが、仏像を信仰対象として拝むのではなく、「朝日」か「月」という自然のものに向かって、どちらでもいいから、とにかく毎日念仏を十回ずつ唱えなさいと言っているのがいかにも日本的です。

それにしても、約五十年もの長きにわたり、毎日ずっと念仏を唱えているというのですから、のべにすると相当な回数の念仏を唱えたことになります。

そんな念仏の徒である元就ですが、次の条文では、厳島明神（厳島神社）を大切に思う気持ちがあったことも述べています。その中で毛利元就は、「厳島明神の不思議な変化《へんげ》だと、奮い立って戦い抜き勝利を得た（第十三条）」と言っています。

時は戦国時代、元就は戦で多くの人の命を奪っています。敵を殺し、多くの家臣も死なせています。本来仏教徒には「不殺生戒」と言って生き物を殺してはいけないという戒めがあるからでしょう、元就は、多くの人の命を奪った自分は「神仏の御加護をえる者」ではないので、成仏したいと思っているけれどその願いは叶わないだろうと言っています（第十一条）。

それでも、自分が戦国の世の危機を切り抜けてきたのは、念仏を唱え続けた「霊験」であり、厳島神社に祀られた「大明神の加護」に相違ないと思って、自分と同じように多くの人の命を奪って生きなければならない子どもたちに、毎日念仏を唱えることを勧め、厳島神社を信仰することが大事だと言い残しているのです。

こうした思いには矛盾がありますが、他人を殺さなければ生き残れない戦国時代という厳しい世の中を生きていく中で、「念仏を唱える行為」や「神を信仰する」ことが心の支えになっていたことがうかがわれます。

出羽酒田《でわさかた》の豪商・本間《ほんま》家の家訓でも、「神仏を敬う」ことは、第二条に書かれています。

本間家というのは、第二次世界大戦後に農地改革が行なわれるまで、日本一の大地主だった豪商です。本間家の所有する土地は、北は秋田県との県境から南は新潟県との県境までの広大な海岸線一帯に及んでいました。その栄華はすさまじく「本間様には及びもせぬが、せめてなりたや殿様に」と歌に詠まれるほどでした。

その本間家の家訓は「神仏を敬う」ことの意味を次のように書いています。

一　神を敬ひ佛を崇《たつと》ぶは誠心誠意を喚起する所以《ゆえん》なり、一日も信仰の念を忽《ゆるかせ》にすべからず。

神を敬い仏を崇ぶことは、誠心誠意を喚起するものである。一日も信仰の念を疎かにしてはならない。

（「本間家家訓」第二条）

この本間家の家訓から読み取れるのは、神仏を大切にして崇めるということは、自分の力以外の力にすがるということではないということです。

神仏を尊ぶことは、あくまでも自分の「誠心誠意を喚起するためのもの」であるというのです。つまり、神仏を崇拝する立場でいることを自分の精神の背骨とする、ということです。

世の中は自分の力で思いどおりになるものではありません。だからこそ、そのことを常に自覚したうえで、自らの幸運を「神仏の加護」と感謝し、苦難をある種、当然のこととして受け入れる心の強さが必要なのです。

本間家とは少し考え方が違いますが、やはり自分の心を整えるために神仏を崇めることの重要性を説く家訓があります。

それは、鎌倉末期から室町時代という乱世を生きた武将・今川了俊《いまがわりょうしゅん》の家訓です。

一　貴賤《きせん》、因果の道理を弁《わきま》へず、安楽に住する事。

身分の貴賤・上下にかかわらず、仏法の説く因果の理をわきまえないで、現世の安楽にふけるべきではない。

（今川了俊「今川状」第二十条）

この家訓は、「因果の理」つまり因果は応報するということを知りなさいと言っています。毛利元就のところでも言いましたが、仏教思想と合戦しなければならない武士の生き方は、相容れないもののはずです。

にもかかわらず、この了俊にしても元就にしても、ごく当然のこととして、悪いことをすれば悪いことが身に降りかかり、良いことをすれば幸運にあずかれる、だから、神仏を敬い、領民を苦しめてはいけないと言っているのです。

この家訓が書かれたのは一四一二年。当時の日本では合戦があっても、その中にはまだ仁義があり、仏のような慈悲の精神、因果応報をわきまえた心持ち、神を敬う心、やさしさということが、大切にされていたことがこの家訓からわかります。

人々は、そうした心を、神仏を信仰することで作り上げていたのです。

サッカーの国際試合を見ると、ゴールを決めた選手が神に感謝を捧《ささ》げるのをよく見ます。あれは本当に心から神を信じているのだと思いますが、信仰心のある人はストレスがあったときに、神を信じることが救いになるので、心を強く保つことができます。

そう考えると、人間が「神」を発明したのは、ストレスを減らすためだったと言えるのかもしれません。何か強大な存在にすがったり感謝を捧げることが、人間のストレスを減らしていく回路になっていたのかもしれない、ということです。

本来の仏教は自らが涅槃《ねはん》の境地を得ることを目指すものなので、自分とは別の絶対者である神にすがるというのは根本的に違います。欲を捨てれば涅槃という心配事がない境地を得ることができると説くことで、神という絶対者を設定しなくても大丈夫だよ、というストレス軽減の別回路を作ったと見ることができます。

現代の日本人は、仏教的な悟りも目指す人は少なく、特定の神を信仰するという信仰心も持たない人も多い。そうなると、自分の心にわき上がる不安やストレスを自分の力で処置しなければならなくなるわけですが、それはかなり大変です。

今の日本を見ていて私が感じるのは、何かに「感謝する」ということが、宗教のように広まってきているということです。この「感謝教」は、ものすごい勢いで信者を増やしています。

私がこのことを意識するようになったのは、オリンピックを見ていたときです。コメントを求められた選手たちが、皆一様に「周りの人に感謝したい」とコメントしていることに気がついたのです。嬉しいのはわかりますし、本当にお世話になった人に感謝したいという人もいるのだと思いますが、以前との変化を感じました。かつてはもっと自分のために勝つという意識が強かったように感じます。

震災以降、この感謝の気持ちを表わすということが、一層強くなってきています。もしかしたら感謝する気持ちを持つことが、かつての信仰心のように、人を楽にしているという面があるのかもしれません。

そう考えると、ときどき念仏を唱えてみたり、格言をつぶやいてみたり、「ありがとう」と言ってみるというのは、私たちが考えている以上に心の支えになるのでしょう。

第2章

「誇り」を子孫へ伝える

――家を守るための訓え

家の存続が何よりも大事

家訓は家の繁栄と子孫の幸せを願って書かれるものです。

親が子どもの幸せを願う心は今も昔も変わりませんが、「家」というものについての意識は昔からみると大きく変わりました。今は昔ほど家の存続を重視しませんが、昔は家が絶えるというのはとても大変なことでした。

それがいかに大変なことなのか、毛利元就の家訓を見るとよくわかります。

一　幾度申し候て、毛利と申す名字の儀、涯分《がいぶん》末代までもすたり候はぬやうに、御心《おこころ》がけ御心遣《おこころづかい》肝心までにて候〳〵。

幾度となく申すことであるが、当家の毛利という姓が、力の及ぶ限り末代まで存続し衰えぬように、御心がけ、御配慮されることが大切である。

（「毛利元就遺誡」第一条）

まさに毛利という「家」を存続させるようにという家訓です。興味深いのは、元就はこの家訓を跡継ぎの毛利隆元《たかもと》だけではなく、すでに他家を継ぎ当主となっている二人の息子、吉川元春《きっかわもとはる》と小早川隆景《こばやかわたかかげ》にも宛てて書いていることです。三人の息子に宛てて書かれたことから、この家訓は「三子教訓状」の名でも知られています。

ちなみに、有名な三本の矢のエピソードは実は史実ではなく、この家訓を元ネタとした伝説だと考えられています。

第一条は条文の書き出しが「幾度となく申すことであるが」という言葉で始まっていますが、家訓に書かれている内容と同じことを、元就がこれまでにも何度となく息子たちに言っていたことがわかります。

それにしても、分家ならまだしも、他家の当主となっている人間にまで実家の存続のために尽力せよと言うのは、少々強引な感じがします。なぜ元就はそこまでのことを強要したのでしょう。その答えは第二条に書かれています。

一　元春・隆景の事、他家の家を続がる事に候、然りと雖も、是は誠のとうざの物にてこそ候へ。毛利の二字、あだおろそかにも思食《おぼしめし》、御忘却候ては、一円無き事に候。中々申もおろそかにて候〳〵。

次男元春と三男隆景の御両人は、現在、各々吉川家・小早川家の他家を相続されているが、これはほんの一時的なものであり、御両人ともに、毛利という二字を軽んじ、粗末にされ、忘れられるようでは、まことに不本意な次第である。このことは、なまじい申すのもおろかなことである。

（「毛利元就遺誡」第二条）

元春と隆景はすでに他家を相続しているけれど、「これはほんの一時的なもの」なのだから毛利という二字を粗末にされるようでは困る、というのが元就の主張です。こうした思いは、第五条の最後にも表われています。「たとえ現在は、他家をそれぞれ相続されておられようとも、内心は常に、このような御心得をされ（第五条）」毛利家のために尽力してほしいと繰り返しているのです。

毛利元就の家訓は、ひたすら「毛利家」の繁栄を願ったものです。「兄弟仲良くしろ」と言っているのも、ひとえにそれが家の存続に必要なことだからです。

一（前略）三人の半《なか》、少にてもかけこへだても候はゞ、たゞく三人御滅亡と思し召さる可く候く。余之者には取分《とりわけ》替る可く候。我等子孫と申し候はん事は、別して諸人之にくまれを蒙《こうむ》る可く候間、あとさきにてこそ候へ、一人も人はもらし候まじく候く。（後略）

（「毛利元就遺誡」第三条）

其方たち三人の間柄に、少しでもわけへだて、仲違いするようなことがあったならば、必ず三人とも滅亡するものと、考えられるように。他家の人びとと異なり、我が毛利の子孫である者は、とりわけ世間の人びとの憎しみを受けているため、それぞれ滅亡に前後はあるにせよ、一人として我々を容赦するようなことはないであろう。

三人の間で少しでも仲違いするようなことがあれば、「必ず三人とも滅亡する」とまで言い切っているところには、元就の強い信念がうかがわれます。

さらにここで面白いのは、私の子孫というだけですでにあなたたちは世間の恨《うら》みを買っているとしていることでしょう。つまり、お前たちは私の息子だということで、他人からはすでに恨まれているのだから、せめて兄弟は力を合わせないと滅びてしまうよ、ということなのです。

毛利元就がこの家訓を書いたのは六十歳を過ぎた頃です。人生五十年と言われた時代ですから、かなりの高齢です。そのときになって自分の人生を振り返ったとき、元就には戦国の世とはいえ「結構、酷《ひど》いことをしてきたな」という思いがあったのでしょう。第十条でも、「元就は、思いの外、多くの人々の命を奪っているので、因果応報は御三人にも及ぶものと、内心困惑している」と言っています。

そして、兄弟が仲良くしていくために「隆元は弟二人を力と頼み（第四条）」、弟たちが、「隆元（兄）の意見と相違があっても」長男は「親らしい気持ちで、常に耐え忍ばれるように（第五条）」と注意しています。

当時の長男というのは非常に力を持った存在でした。そうした状況の中で、元就はあえて兄の隆元に、兄だからといって弟たちに高圧的な態度を取ってはいけないと諭し、同時に弟たちには、兄に従うようにと言うことで、お互いが仲良くすることを命じているのです。

元就はこの家訓で、他家に嫁《とつ》いだ娘のことも気遣ってほしい（第八条）とか、この時点ではまだ幼い弟たちが成長したら、その子たちのことも面倒を見てほしい（第九条）と、とにかく「兄弟仲良く」を強調しつづけています。

家が大きくなればなるほど、家の中で、争いの火種となる人間関係のトラブルが生じる危険性もまた増していきます。後に日本を動かす財閥にまで発展する三井家の初代・三井高利《たかとし》はそのことがわかっていたのでしょう。家訓の第四条で「家内融和」を説いています。

一、同族は決して相争う事勿《なか》れ。

（「三井高利遺訓」第四条）

三井高利の家訓は全部で十条、厳選された項目がシンプルな言葉で綴られた家訓です。商家の家訓なので、「商売は見切り時が大切である（第九条）」とか、「外国と商売取引せよ（第十条）」など、商売に関する条文も含まれていますが、そのほとんどは、やはり三井家の繁栄を目的としたものです。

中でも面白いのは第一条です。

一　單木《たんぼく》は折れ易く、林木《りんぼく》は折れ難し、汝等《なんじら》相協戮揖睦《あいきょうりくしゅうぼく》して家運の鞏固《きょうこ》を圖《はか》れ。

（「三井高利遺訓」第一条）

単木は折れやすく、林木は折れ難い。汝ら互いに協力して家運の強固を図れ。

「単木は折れやすく、林木は折れ難い」から一族みんなで、互いに協力し合って「家運の強固」を目指しなさいと、まるで毛利元就の三本の矢と同じようなたとえを用いて、一族の結束を説いているのです。

「誇り」を子孫に伝える

これほどまでに「家、家」と言われるのは、現代人には少々重く感じられるかもしれません。でも「家のことを考えて生きる」というのは、必ずしも悪いことではありません。家の存続や繁栄、一家の名誉ということを考えて行動していれば、その人本人も自《おの》ずときちんとした人生を歩むことになるからです。そういう意味では昔の人は、「家」のことを考えることが、自分自身のモチベーションアップにつながっていたのだと思います。

どのような家であっても自分の生まれた家は特別なものです。でも、それが特に

「誇り」を持てるような家だったとしたら、その家を守っていこうというモチベーションはさらに高くなるのではないでしょうか。

家訓ではありませんが、黒田長政《くろだながまさ》の遺言は、まさに「黒田家の誇り」を子々孫々まで伝承してほしいという内容のものになっています。

我等か子孫末々に於《おい》て、如何様《いかよう》の悪人、又はうつけ者出来し、如水《じょすい》・某《それがし》が大功を無になすべきもはかり難し。後代の事を気遣い思ふ也。これに依《よ》り一つの遺言あり。

我々の子孫末々において、どのような愚か者があらわれ、父如水と私とが、身命をなげうって手にした大功を無にしないともかぎらない。それゆえ、後代のことを心配するあまりに、私として一通の遺言がある。いずれも、よくよく心にとどめておかれて、各々子孫にも申し伝えていただきたい。

（「黒田長政遺言」）

黒田長政は、二〇一四年のＮＨＫ大河ドラマの主人公・黒田官兵衛《かんべえ》（黒田如水）の長男です。父の如水は豊臣秀吉《とよとみひでよし》の軍師として名を馳《は》せ、その後を継いだ長政は九州征伐や文禄《ぶんろく》・慶長《けいちょう》の役と活躍し、最終的には関ヶ原《せきがはら》の戦功によって福岡藩初代藩主になっています。

黒田家はもともとは播磨《はりま》の一画（現在の姫路《ひめじ》市東部）のさほど大きくない戦国大名の家臣に過ぎませんでした。それを如水と長政の親子二代で五十万石を超える大大名の家にしたのですから、いくら戦国時代とはいえ、大変なことです。

子孫に自慢するのは当然ですが、長政の遺言は「自慢」というような生やさしいものではありません。何しろ、徳川家康《とくがわいえやす》が天下を取れたのは、家康公自身の武徳もあるけれど、それ以上に自分たち親子の「忠節と武功のおかげ」だ、と言い切っているのです。

そしてその後、自分たち親子がどのような「忠節と武功」を尽くしてきたかを長々と綴ったうえで、もしも、自分たちの働きがなければ「家康公の浮き沈みは、まさに危うき所であったのではなかろうか」と、自分たちの働きがなければ、家康は天下人にはなれなかっただろうとまで言い切っています。

なぜそこまでのことが言い切れるのかというと、関ヶ原の合戦というのは、実は毛利輝元《てるもと》率いる西軍のほうが軍勢が多く、家康率いる東軍のほうが不利と思われていました。それでも家康が勝利できたのは、西軍の小早川秀秋《ひであき》が東軍に寝返ったからです。そして、この小早川秀秋を寝返らせたのが、他ならぬ黒田長政だったのです。

ですから、もし黒田家の働きがなければ、というのは、この寝返りが成功していなければ、家康は関ヶ原で負けていただろう、という意味なのです。

長政は、関ヶ原の武功を家康がどれほど喜んだか、そのときの家康の様子をとても具体的に書いています。

家康公がこの天下を領し給うのも、我らをはじめ武勇の誉《ほま》れ高い大名が数名御味方をしたがためとはいえ、せんずるところ、如水とこの私の二人のちからではなかったかと思える。事実、関ヶ原で御勝利を得られたのち、家康公はこの私の手を御とりになり、今度の利運はひとえに長政の忠義によるものと、上意があったのも、こうしたことを物語っている。

ここまでくるとほとんど自慢ですが、あの当時、徳川家康に対してこれだけ「対等」な意識を持っていたというのは驚くべきことです。なにしろ家康は、一時は忠節を誓った豊臣家を大坂冬の陣、夏の陣で滅ぼした、ある意味非情な人間です。しかも、生き残りを図る豊臣家に対して、家康が難癖をつけて滅ぼしてしまったのを当時の人たちはみんな知っていました。ですからほとんどの大名が家康の逆鱗《げきりん》に触れることを恐れていたのです。そんな中で長政は、誇りと自信を持って、次のように書いています。

徳川家に対して逆心さえ企《くわだ》てなければ、其の他、少々の無調法はお赦しいただき、筑前一国の安堵は間違いないものと思っている。

この遺言に込めた長政の思いを一言で言うなら、それは「誇りの伝承」と言えるものです。父と私はこのように頑張って黒田の家をここまで大きくしてきた。その功の大きさを知れば、たとえ相手が家康公といえど萎縮《いしゅく》する必要はない。お前たちの父祖はそれだけのことをしてきたのだから、お前たちもそのことを誇りに思い、気概を持ってますます黒田の家をもり立てていけ、ということで、とても気迫に満ちていていいものだと思います。

子どもの教育には師匠選びが大事

黒田如水は、子どもの教育は指導者選びが大切だと言っています。

一　子の傅《かしづき》とする士の人物をよく撰ぶべし。其子細《そのしさい》は幼少のときより、彼傅日夜付添ひ諸事を言教る故に、其子平生の行跡大形《おおかた》傅に似するものなり。外貌のみに非《あら》ず、後には心さま迄《まで》も傅に似するものなれば、大事の儀なり。

子供を養育する侍の人柄をよく選ぶべきこと。その理由は、幼少の時からの傅育《ふいく》役は、日夜その子に付添い、諸事について教育するために、その子供の平生の行状は、ほとんど傅育役に似てくるものである。それは外見だけでなく、のちには気だてまでも似てくるので、大切なことである。

（「黒田如水教諭」第四条）

当時、ある程度以上の武士の家庭では、子どもには教育係となる人間をつけるのが主流でした。これを「傅役（ふやく、もりやく）」といいます。傅役はその子どもの生涯にわたって大きな影響を与えるので、家臣の中から特に信頼の置ける者が選ばれました。

この家訓を読んで、傅役を選ぶなんていうのは昔の武士の話で自分たちとは関係ない、と思ったとしたら、それは間違いです。なぜなら、親がどんどん忙しくなってきている今、家庭教師など子どもの教育に親以外の人間が関わる機会は、これからますます増えていくと考えられるからです。

先日、『なぜ受験勉強は人生に役立つのか』(祥伝社新書)という本で、家庭教師のプロである西村則康《にしむらのりやす》先生(名門指導会代表)と対談する機会がありました。そのとき聞いたのですが、現在の中学受験は、すでに親が面倒を見られる水準にはないそうです。年々問題は難化しており、プロの人に預けて面倒を見てもらって初めて勝負に参加できる段階にきているということです。

受験のために子どもをプロにつけることを「ずるい」と言う人もいるようですが、私は必ずしもそうではないと思っています。

なぜなら、音楽のように、親がすべて教えられるようなものではない分野を学ぶ場合、プロの指導者につかなければ勝負にすらならないというのはよくあることだからです。幼い頃から先生について、毎日通って厳しい練習をする。そうすることで初めて、世界で勝負ができる人材が育つのです。

ということは、どんな分野であったとしても、「誰につくか」が非常に重要であり、親が子どもの師匠に誰を選ぶのか、その責任は大きいということです。

お金の使い方にはさまざまなものがありますが、教育にかけるのが一番いいと私は思っています。

教育にお金をかけるメリットはふたつあります、一つは、純粋にその子の人生が豊かになるということ。たとえば、ヴァイオリンの学習にかければ、その子はヴァイオリンが弾《ひ》けるようになりますし、勉強にかければ、勉強ができるようになって学問を好きになります。このように、教育にお金をかけることは、いろいろな形でその子の人生を豊かにしてくれます。

もう一つは、収入面で考えても、教育にかけたほうが銀行に預けておくよりも、はるかに利率がいいということです。

学歴社会では、個人の実力が就職のときに見られます。でも、そのときある程度以上の学校で学べるような能力がなければ、大企業の正社員になったり、自分の行きたい一流企業に入社することが難しいということがあるのは事実です。

そういう意味では、勉強に投資しておくことが、あとあとの収入に影響を与えることにつながると言えます。そして、今のような非正規雇用に低賃金が強《し》いられる社会では、どのような企業に就職するか、それ以前に、正社員になれるかなれないかで、その人の生涯賃金は大きく違ってきます。

ですから、実利的な面を考えても、早くから子どもの教育に投資しておくことはとても大切なことなのです。

子どもが大人になってからまとまった金額を渡すという方法もありますが、そのとき子どもが自分で稼げるようになっていないと、親からもらったお金を無駄に使ってしまうことが多いものです。

そういう人たちを見ていると、やはり親の本当の務めというのは、子どもを一人前に育てること、今で言えば、自分の力で稼げるようにしてあげることなのだと思います。それができなければ、たとえどんなにお金を残したとしても、本当の親とは言えません。

子どもが学生でいる時期はそれほど長くありません。せっかくの学べる時期を逸《いっ》しないように、親が責任を持って、もっと積極的に子どもの教育へ投資していくべきだと思います。

美人を嫁にしてはいけない

「悪妻は百年の不作」ということわざがあります。これは、悪い妻を娶《めと》ると、単に夫が苦労するだけでなく、子や孫の代まで苦労を引きずることになるという意味です。今はダメだったらすぐに別れるということもできますが、昔の結婚は家同士の縁組みなので、簡単には離婚ができませんでした。そのため、嫁取りは「家の問題」として扱われました。

武家は政略的な意味合いから縁組みがなされることが多かったためか、あまり嫁取りに関する家訓は見られませんが、商家の家訓には必ずと言っていいほど「嫁取り」に関する項目があります。

酒田の豪商本間家の家訓では、嫁の実家が判断基準になっています。

一　富豪のものと縁組すべからず、須《すべか》らく清楚なる家庭の子女と婚を結ぶべし。

富豪のものと縁組してはならない。当然のこととして、清らかでさっぱりした家庭の子女と結婚すべきである。

（「本間家家訓」第七条）

自分の家が日本一の大富豪であるにもかかわらず、富豪の家との縁組みは「当然」避けなければならないと言っているのはちょっと面白いところです。

でも、そこには豊かな家庭で育つと、ダメな若旦那の例ではありませんが、苦労知らずで育つため、派手好きだったり、浪費癖があると困る、という思いがあったことがわかります。

ちなみに、この家訓を残した本間光丘《みつおか》の妻は酒田のあまり裕福ではない商家・根津《ねづ》屋《や》というところの娘です。さらに、本間家が、単に家格だけで相手を選んでいたのではないことは、長男の娘を極貧の庄内藩士のもとに嫁がせていることからもわかります。いくら家同士の縁組みとは言え、やはり娘を嫁がせるとなると、最終的には相手の「人柄」で選んでいたということなのでしょう。

本間家とは少し違った観点から、嫁選びに注意を促しているのが、関西屈指の豪農、伊藤長次郎《いとうちょうじろう》の家訓です。

伊藤家は、代々総領が「長次郎」を名乗ったことから、伊藤長次郎家と呼ばれます。伊藤長次郎家は、もともと豪農でしたが、初代が農業の傍《かたわ》ら始めた肥料販売が成功、それをもとに商家としても発展、江戸末期から昭和の前期にかけての関西を代表する豪商です。

その家訓の第二十条には次のように書かれています。

一　女の美なるは傾國《けいこく》の端なりと云へり、依《よっ》て女房は美女はわるし、心ばへの宜敷《よろしき》を吉とせよ。又姑に似た嫁が來ると云ふ、左すれば代々に悪方なり、依而《よって》きりよう好みすな。

女が美しいのは国を亡ぼす原因になるといわれている。したがって、美人を女房にするのは、女房に注意が行って仕事に集中できないから、避けたほうがよい。

美人でなくとも、気立てがよく心優しい女がよい。また、一般的に姑に似た嫁がくるというから、気立てのよくない女房を持てば、代々の女房が悪くなる。そのためには、結婚相手の器量好みをしないことである。

（「伊藤家家憲」第二十条）

「美女を嫁にしてはいけない、嫁は顔ではなく性格で選べ」、ということになり、言外に美人は性格があまりよろしくない、というニュアンスが込められていることが感じられます。もちろん、世の中には心映《こころば》えのいい美人もいると思いますが、そういう人は少ないので、まずは美醜ではなく、心映えを見て、気立てや考え方といったもので選びなさいということです。

ですからこれは別の言い方をすれば、「美しさに惑わされるなよ」ということだともいえるでしょう。

さらに、この家訓の後半では「姑に似た嫁が來ると云ふ、左すれば代々に悪方なり」ともあり、気立てのよくない女房を持つと、代々の女房も悪くなるので、最初の嫁選びが大事だということになります。

姑に似た嫁がくるということですが、その背景にあるのは、男性は自分の母親に似た女性をお嫁さんにしてしまうことが多いということでしょう。だから、器量好みをして美人だけど心映えのよくない嫁をもらうと、子どもが自分の嫁にもそういう母親のような女性を選んでしまい、代々「美人だけど悪妻」という負の連鎖が生まれてしまう。まさに「悪妻は百年の不作」です。

笑い話のようですが、実はこういう話はよくあることで、ドラマなどでも、美人の嫁が嫁いできてから家の中がおかしくなっていくというストーリーはよく見られます。

こういうストーリーが多くの人に「ああ、そうだよね」と、共感される一方で、美人だということはそれだけ先祖が努力をした結果なのだから、その家は努力家の資質を備えた素晴らしい家だと言える、という人もいます。

どういうことかというと、美人に生まれるということは、「美人」の遺伝子を受け継いでいるということなので、先祖が美人の嫁をゲットできるぐらい頑張った結果だということです。

こう言っては何ですが、たとえ器量のよくない男性でも、すごく頑張って社長になったり、スポーツ選手になったりすれば、きれいな女性が奥さんに来てくれます。さらに、その息子も頑張ってまた美人と結婚して、代々努力を続けていくと、ついには整った顔立ちの子どもが生まれる、ということです。つまり、先祖代々の努力結果の一つが「美人」であるというのです。

まあ、そういう考え方もあるのかもしれませんが、伊藤長次郎家の家訓では、美女はよくない、と言い切っています。

確かに、外見重視で選んでしまうと、どうしても嫁に対して甘くなってしまうので、家の中でトラブルが起きやすくなると言えるかもしれません。それに、商家では奥さんの器量がいいからといって商売がうまくいくわけではありません。そういう意味では、美人を嫁にもらうメリットはあまりないのです。

一方女性はと言うと、よく聞く話では、すごく器量のいいモテる女性はいろいろな男性を選べる立場にあるので、最初は器量のいいイケメンと付き合うのですが、付き合ってみるとイケメンは努力をしなくてもモテるので、自分を磨いていない人が多く、話が面白くないということで、だんだん男性を顔で選ぶのをやめ、人間性で選ぶようになっていくパターンも多いそうです。

自分の器量にあまり自信のない方が、顔重視で男性を選ぶケースは、子孫の見た目を少しでもいいものにしようとしてイケメンを求めている。つまり遺伝子が求めているのかもしれません。それはある意味で、本能の切実な欲求なのでしょう。

ものすごく器量のいい方は、むしろ相手の美醜にこだわらないことも多いようです。美女と野獣とよく言われますが、「なぜこんな美人がこの人と」というカップルはこのケースだと考えられます。

問題は、美女がみな性格が悪いわけではないのと同じように、あまり器量の良くない男はみんな努力して自分を磨いているかというと、実はそうでもないということです。そして、男前のほうも、必ずしも努力しない人間ばかりではなく、きちんと努力をしている人もいるし、男前であるがゆえに、幼い頃から周囲の人によくしてもらい、人間的にひねくれたところのない素直な性格のいい人もいます。よく天は二物を与えずと言いますが、「なんでこの人は全部持ってるの」と言いたくなるような人も実際にはいます。

ですから、必ずしも器量のいい人がダメだということはないのだと思いますが、要はそんな極まれにしかいない宝探しのような嫁取りを目指すのではなく、一家の存続を考えてきちんとした家庭を守れる女性、昔の言葉で言えば「良妻賢母」と言われるような女性を嫁にしなさいということです。

イタリアン・マフィアに見る血の結束

日本の家訓とは少々毛色は違いますが、イタリアン・マフィアにはメンバーになるときに、血判をもって守ることを誓う掟《おきて》があります。それが「血の掟」です。

その第二条には次のように書かれています。

ファミリーの仲間の妻に手を出してはいけない

（「血の掟」第二条）

イタリアはやはり女性の存在が大きいのでしょう、たった十個しかない掟の中に「妻」という言葉が三回も登場します。

ファミリーの仲間の妻に手を出してはいけないなどということは、われわれ日本人にすれば、当然のことでわざわざ掟に書かなくてもいいことのように思います。しかし、その書かなくてもわかりそうなことがあえて掟に書かれているということは、裏を返せば、そうやって掟で縛らないと、仲間の妻に手を出す奴がたくさんいるということです。

そうした「血の掟」には、そこまでしてでもファミリーの絆を守り大切にしていこうという強い思いが感じられます。

イタリアン・マフィアというと、やはり誰もが思い出すのが、フランシス・フォード・コッポラ監督の『ゴッドファーザー』（一九七二年）でしょう。私も好きな映画の一つですが、あの作品があそこまで多くの人の心を捉えたのは、やはりそこに描かれた「家族の結束力」がすごく魅力的なものだったからだと思います。

ゴッドファーザーと呼ばれる偉大な父親がいて、彼のもとに一族が堅くまとまっている。やっていることは反社会的なことではあるのですが、彼らが見せる家族の強い絆や、一族を大切に思うものすごく熱い気持ちが、人の心を掴み、あれだけの人気につながったのだと思います。
血の掟そのものではありませんが、『ゴッドファーザー』にはかっこいい名言が数多く登場します。

「家族を大切にしないヤツは男じゃない」
「仲間は近くに置け、敵はもっと近くに置け」
「偽善はお互いさまだ、だがファミリーの悪口は許さない」

どれも家訓にしてもいいような力のある言葉です。

第3章

決断力がある人の「相談力」

——対人関係の訓え

「決められる人」はよく相談する

人は、ある程度自分に力がついてくると何でも自分で判断したくなるものです。小さな問題であれば、それもいいでしょう。たとえ失敗しても「これも一つの勉強だ」と思えば、成長の糧《かて》にすることができます。

しかし、重要な問題での失敗は許されません。特に人の上に立つ者が判断ミスを犯すと、その被害は下の者すべてに及びます。武家であれば、一族の命運に関わる危険もあります。だからでしょう、北条重時は大事なことは必ず「相談するように」と言っています。武家の頭領ともなれば、現代のワンマン社長のようにすべて独断で決めていそうでしたから、これは意外です。

一　召仕ハン者□（継世）マゴ、ロニ□（ト）モ其ノ器量ニアラザラム者ニ大事ヲ云合□（スベ）カラズ。殊ナル大事出キタラバ其中ニサモ〳〵シクヲトナシカラン人アマタニ調合スベシ。其猶計ガタクバ、重時ニカクトクイフベシ。大事ヲ無左右我心ヒトツニ計ツレバ、何《いか》ニモ後難アル也。

召使う者は、たとえ代々誠実に仕えていても、その仕事に適した才能と力量のない者には、大事を相談すべきではない。特別な大事が生じた場合、召使っている者の中で、人柄が重厚で思慮分別もあり、経験豊かな宿老たちに相談すべきである。それでもなお分別ができないときには、この重時にいかにすべきかを問いただしてほしい。大事な用件を、軽率に自分だけで独断で処理すると、必ずあとあと難儀があるであろう。

（北条重時「六波羅殿御家訓」第二条）

この第二条は、だれに相談すべきか、を教えた家訓です。たとえ代々誠実に仕えた家臣であっても「才能と力量」のない人に大事なことを相談してはいけない。大事な相談は「思慮分別のある、経験豊か」な者に相談しなさいと言っています。

今の時代は変化のスピードが速いので、即断即決と言われるように判断にスピードが求められることもあります。また、相談すべき長老たちが判断力を失っているような場合では、相談すればするほど誤った方向へ行くこともないわけではありません。それでも、多くの場合、経験値がない人が独断で判断するよりは、経験値のある人に相談したほうがいい結果につながるのも確かです。

東近江の商人・中村治兵衛も、年長者の意見を聞いてから判断するように言っています。

一　我より年かさの御人何事ニ而茂《ても》一切之事御申被成《なられ》候ハゞ、先一度ハよくと悪敷《あしく》と聞て、其よく方ニ可被致《いたすべく》事、第一ニ候。

自分より年長者が言うことは、何事においても一度よく聴き、その後に、善悪を考えて、よい方の考えに従うことである。これが一番よいことである。

（中村治兵衛「宗次郎幼主書置」第三条）

ここで言う「年長者」というのは、単なるお年寄りということではなく、経験を持った先人の意見を聞きなさいということです。そして、意見を聞いたうえで、善悪は自分で判断しなさいと、言外に先人の意見には耳を傾けるべきだけれど、それに盲従してはいけないということも教えています。

私も大きな決断をする際には、必ずその道の専門家に相談し、意見を聞くことにしています。

と、偉そうなことを言いましたが、私が人に相談するようになったのは、実は独断で決めたことで痛い目に遭ったことがあるからなのです。

たとえば、不動産を買う際の判断です。普通の人にとって不動産を買うのは、人生においてそう何度もないものすごく大きなことです。にもかかわらず、多くの人は他人に相談しません。私もまた相談しないで決めてしまい、後からその不動産に問題があることがわかって困ったことがあるのです。あのときは本当に、「知識のある人にきちんと相談すればよかった」と後悔しました。

しかも、相談できる相手がいなかったわけではないのです。実際、後から不動産に詳しい知り合いにその物件の話をしたところ、「相談してくだされればよかったのに。最初からその物件はやめておくべきでした」と、一言のもとに言われてしまいました。

私は不動産を買い慣れていたわけでも、その業界についての知識があったわけでもありません。そんな素人の人間が、自分が知っている範囲で判断しようとしても、本当に大切なことは見えません。しかし、その世界の知識と経験を持った人は視野が広いので、一見しただけで気をつけるべきポイントがすぐにわかるのです。

それ以来私は謙虚になって、自分の領分ではないことに関しては、まず経験豊富な人に聞くようになったのです。

北条重時が「絶対に相談しなさい」としたのは重大な案件についてだけでしたが、伊勢貞親は、重大なことだけでなく、何でもとりあえず人に相談したほうがいいとしています。しかも、たとえ自分がよくわかっていることでも、知らないようなふりをして聞いたほうがいいと、先人の言葉を引いて諭《さと》しています。

一（前略）能知《よくしり》たる事をも知らずがほして人に問事、是肝要也《これかんようなり》。必《かならず》人学のいたらぬ者は、しらぬ事をもしりがほ、する。学のいたりたる者は、能知たる事をも一向知らずがほして人に問て学をます也。是利根《りこん》なる者のわざ也。孔子も下問に恥じずとのたまひければ、誰にも万事を問ふ可き也。我学は至らずして、利根だてに恥をかく也。

たとえよく知っていることでも、知らぬ顔をして人に尋ねることが肝要である。世の中の学の至らぬ者は、必ず知らぬことも知った顔をするものであり、学の至った者は、よく知っていることでも、まるで知らぬ顔をして人に問い尋ねて、学をますものである。これが賢人のすることである。聖人孔子も「下問を恥じず」と云っているが、万事について人に問うべきである。自分の学は至らぬのに、利口ぶると恥をかくことになる。

（「伊勢貞親教訓」第三十六条）

「下問を恥じず」とは、「人に聞くことを恥じない」という意味ですが、『論語』にある言葉です。私は『論語』を何度も読んでいたので、もちろんこの言葉を知っていましたが独断で失敗しました。それだけに、この家訓の最後にある「自分の学は至らぬのに、利口ぶると恥をかくことになる」という言葉は少々耳に痛く響きました。

現代人は、武士が物事を判断するとき、そんなに人に聞いて回るイメージを持っていません。しかし、一つの判断ミスが命取りになりかねない厳しい時代だからこそ、人にものを聞いて万全を期すことが必要とされたのでしょう。

「叱る技術」を身につける

北条重時という人はとても気配りの行き届いた人だったのでしょう。家来の上手な叱り方についても、家訓に書き残しています。

一　格勤《かくごん》ノ若《じゃく》ラン《﨟》乃中間躰ノ者ヲバ小ゝノ咎《とが》ヲバ、ヲシヽヅメテ、スコシヲドス様ニ云テ細ゝ《さいさい》ニ勘当スベカラズ。常ニ人ヲ勘発スレバ、聞乃者ノ近習ヲシタガラヌセ。惣《すべ》テハチアル者ニ耻《はじ》ヲ与ル事停止スベ□《(シ)》。

格勤《かくごん》（主人の身近に仕え、宿直《とのい》など務める身分の低い従者）の若党や中間ふぜいの者の、ささいな過失については、穏やかな態度で少しばかり叱りつけるように云い、一々それを咎《とが》めて処罰すべきではない。常に人を処罰すれば、その由を聞き及んだ者は、主人の側《そば》近くに奉公することをしたがらぬようになってしまう。おおよそ、恥を重んずる武士に、恥をかかせるようなことをすべきではない。

（北条重時「六波羅殿御家訓」第五条）

些細な過失に対しては、いちいちそれをとがめだてて処罰すべきではない。むしろ穏やかな態度で、少し叱る程度で済ませたほうがいい。人の些細なミスに対してねちねちと文句を言いつづけたり、感情のまま怒鳴りつけるようなことはしてはいけない、ということです。

重時の家訓は、どれも周囲の人間の目を意識しているので、人への配慮が行き届いていますが、さらに続けて、恥を重んじる武士に恥をかかせてはいけないとか、子どもであっても軽蔑《けいべつ》したようなことを言うと不満に思うだろう、などと相手がどのように感じるかをよく考えてから叱るようにしなさいと言っています。

加えて、そういう者に対する方法として、原文で言うと「ツミ知ルヤウニ語ヲカケ云フベシ」と教えています。これは、その人間が自ら罪、つまり自分の過失に気づくように語りかけてあげなさいということです。まるで現代のコーチングのような指導法です。

しかしこれをするには、叱る側にかなりの忍耐力と、器量が要求されます。なぜ、上の者が部下を叱るのにここまで気を遣わなければならないのか、と思うかもしれません。重時は、そんな疑問に対しても答えを残しています。

ねちねち叱ったり怒鳴ったりしていると、「その由を聞き及んだ者は」主人の近くに仕えることを嫌がるようになる。でも、怒るのではなく自ら気づくように話してやれば、「主人のこうした人柄を、家人たちはもれ聞いて」、かえってその評価は高まるというのです。要は、部下のミスにどのような対処をとるかで人柄が判断されるのだから、気をつけなさいということです。

「最近の若いものはメンタルが弱いので、ちょっと怒鳴っただけですぐに辞めてしまう」と言う人がよくいます。でもこうした家訓を見ていると、実はそういうことは昔からある程度あることだったということがわかります。

北条重時がこの家訓を著したのは、一二〇〇年代の後半です。そんな昔から上司は下の者の反応を気にしながら上手な叱り方を模索していたのです。そんな状況が昔も今も変わっていないということは、若い者のメンタルが弱いから、というところに問題の本質があるわけではないということになります。

問題解決の近道は、叱られる側のメンタル強化ではなく、叱る側がどれだけ寛容な心を持つことができるかということと、「叱る技術」「諭《さと》す技術」の改善にあるという家訓です。

「意識のふりかけ」で人に対する差別をなくす

人を差別するのはよくない。

これは誰もがわかっていることですが、ついやってしまいがちなことでもあります。

一　いかなる不屑(肖)の者尋来と云共、軽々と出て対面すべし。（中略）適《たまたま》其主人にあはんとて来れる人に逢はずして返す、本意無き事に思ふ也。か様なれば大切なる者もうとく成也。又は世上にて悪ざまに云成程に、聞伝て其主人を云けすもの也。縦病の床に臥《ふせり》たり共、等閑無き人訪来ば、白衣にても逢べし。さやうなれば、隔心なきやうに見えて悦もの也。

どのような愚かな者が訪れようとも、軽々と出て対面すべきである。（中略）たまたま主人に会うつもりで訪ね来た人に、対面もせず帰せば当人は誠意のない方だと思うであろう。このような振舞をすれば、大事な人も疎遠《そえん》になるものである。また世間でも悪く云われるので、これを聞き伝えて、その主人をけなすことになるであろう。たとえ病床にふせていても、親しき人が訪ね来た時は、白衣《びやくえ》であっても対面すべきである。そのようにすれば、隔て心のないようにみえ、相手も喜ぶものである。

（「伊勢貞親教訓」第二十条）

これは室町時代の武士・伊勢貞親の家訓です。どのような相手が訪ねてきても、差別せずに、きちんと会って応対しなさいと言っています。貞親は徹底していて、たとえ病気で伏せっていたとしても、訪ねてきた人が親しい人なら対面すべきだと言っています。

なぜそこまでのことをしなければならないのでしょう。

貞親は、ひとえに世間の評判を悪くしないためだと言います。会わないと「誠意のない人だ」と思われ、世間の評判が悪くなる。でも、病気を押してでも会ってくれたとなれば、相手は喜んで、いい評判を広めてくれるだろうというのですから、当時の武士もなかなか大変です。

苦手な相手や好きではない人に対する差別は、やっている本人にある程度の自覚がありますが、「差別」の中には、やっかいなことに、本人には差別するつもりなどまったくなくても、結果的に差別になってしまうということがあります。北条重時は、そういう事態を招かないように、次のようにしなさいと言っています。

一　何《いか》ニ不便ニ思者ナリトモ、ウヘニ勝劣ヲミスベカラズ。平等ニコトヲカケアタルベシ。タトヒ其身カラヱセ者ナリトモ、満遍ニ人ヲ漏サズト聞ケバ、聞及者、感ジ思也。爾《しか》リト云ドモ、人シナニヨテ差別ヲウシナウベカラズ。

どんなに可愛がり面倒をみている者があっても、そのことが他人にわかるようにうわべに差別をあらわすべきではない。家中の者には平等に言葉をかけ、応接するようしなさい。たとえ、その人柄が卑《いや》しむべき者であっても、主人がすべての家人を差別せず平等に扱っていると、世間で噂《うわさ》されれば、これを聞き及んだ人びとも、立派な主人だと思うであろう。しかしながら、人の品格（地位や人柄）によって、差別を失うべきではない。

（北条重時「六波羅殿御家訓」第六条）

人は意識しないと、ついつい自分のかわいがっている者や、話しやすい相手にばかり声をかけてしまいます。あまりかわいげのない者やおとなしい暗めの人にはあまり声をかけません。

みんなに平等に声をかけるというのは、できそうでなかなかできないものです。学校の先生でもできている人とできていない人がいるのが現実です。

先生も人間なので、大勢の生徒がいれば、中には自分と気が合う生徒もいれば、そうでない生徒も出てきます。そうしたとき、ついつい気の合う生徒にばかり声をかけてしまいがちになるので、そうならないように気をつけなければなりません。

重時は「平等に」と言っていますが、私はあえて一人でポツンとしている学生や、やる気がなさそうな学生に声をかけるようにしています。なぜなら、やる気のある学生は放って置いても向こうから話しかけてくるからです。

教師というのは本来、自分に対して反感を持っていたり、やる気がなかったり、引きこもってしまっていたりする人にこそ意識を向けるべきだと私は思っています。実際、一人でおとなしくしている生徒に積極的に声をかけていると、次第にその生徒のほうからもこちらに話しかけてくるようになります。

つまり、あえてそういう生徒たちに対する声かけを多くすることで、クラスという全体のバランスがとれるようになるのです。

自分は誰に対して足りていないのか。まずはそれを意識し、わかったら積極的にそこに意識を向けていく。私はこれを「意識のふりかけ」と呼んでいます。

先生や上司が、足りないところに意識をふりかけのようにかけていくと、相手の意識がだんだんと立ち上がってきます。実行してみるとわかりますが、本当にちょっとした折に一言二言、こちらから声をかけるだけで相手は大きく変わります。

たとえば、大学の授業で遅刻や欠席が多い学生がいるとしましょう。いくつかの方法が考えられますが、授業が終わったときにちょっと呼び止めて、「遅刻多いよ」、「欠席多いよ」と直接注意するのも一つの方法です。ただし、これは叱責することが目的ではないので、前項で言ったようにねちねち叱ってはいけません。穏やかにさらっと言うといいでしょう。

他にも、遅刻や欠席のことには触れず、まったく別の話題、たとえば「就活はどうなっているの」などとこちらから話題を振って「それだったらこういうところもやったほうがいいね」とちょっとアドバイス的な話をするのもいい方法です。

基本的には、きちんとできている子が気持ちのたるみから遅刻が増えているような場合は、軽く叱ることにしています。しかし、そうではない相手、こちらに反感を持っていたり、落ち込んでいたり、内向している相手に対しては、そもそも人間関係ができていないので、そこで叱ってしまうと、関係を完全に崩してしまう危険があります。

私も最初は、そういう学生に対しても厳しめに言ってみることが多かったのですが、関係が改善されるのは少数でした。

そこで考え出したのが、後者のちょっとした雑談から始めるという方法です。本当にささやかな「言葉かけ」なのですが、会うたびにしていたところ、授業が終わる頃にはほとんどの学生が意欲を見せるようになりました。中には、最後にハグして終わったという経験もあります。

これは私にとっても、とてもいい勉強になりました。

この経験から言えるのは、全体として「差別のない状態」を生み出すために必要なのは、すべてを平等にすることではなく、むしろ、欠けている部分に集中して意識を振りかけていくことが大切だということです。


偉い人は上座に座っても、下座に座ってもいけない

家訓を残す人というのは、基本的に社会的に成功を収めた人です。

ごく簡単な目安で言うと、人が集まったときに上座に着くことを勧められるような人と言っていいでしょう。

会合の座席は序列によって場所が決まっているので、どこに座るかによってその場の人々の中での自分の順位が明らかに示されてしまいます。それだけに気にする人はとても気にします。

もし、あらかじめ座席が決まっていない会合で、着席を促されたら、あなたならどの辺りに座りますか？

北条重時は次のように言っています。

一　静《シヅマリ》タル座席ニテ居カタマリタル所ヘノゾミタランニハ、イタク高ク居ベカラズ。サレバトテ下ニモ居ベカラズ。能程ニハカラフベシ。又余リ人ゲナキ者ノ下ニ着ケバ、彼等立サハギテ中〳〵アシキ也。

静寂な会合の席で、多勢の人が居ずまいを正して居並んでいるような座へ臨んだ場合には、余りにも上座にいるべきではない。が、さりとて下座にもいるべきでもない。その場にふさわしいように分別するように。また、余り地位や身分の低い者の下座に着座すれば、彼らが座を改めようとして立騒ぎ、座が乱れることにもなり、遠慮したようでかえって悪い破目《はめ》となるであろう。よくよく心得ておくべきである。

（北条重時「六波羅殿御家訓」第二十三条）

北条重時は二代執権・義時の三男で幕府の要職に就いた人間ですから、当然、上座に座るべき立場です。それでも「あまり上座にいるべきではない」と言っています。上座がダメなら下座に着けばいいのかというと、それもまたよくありません。驕《おご》るのもいけないが、かといって遠慮をしすぎるのもよくないということです。

さらに続く第二十四条では、「親方様」との同座を固く戒めています。どうしても別座に着くことができない場合は、間に下の位の者でもいいから挟んで、距離を保つようにしなさいと細かく指示しています。

現代ではここまで細かいことを気にする必要はありませんが、自分の座席位置にこだわって文句を言ったり、変に遠慮して下座に着こうとするのも、見ていて気持ちのいいものではありません。

自分の立ち位置をわきまえ、上座すぎず、かといって下座でもなく、という適度なバランス感覚が公の場では必要です。

北条家はもともとの家柄がいいからなのでしょう、重時は「自分をすごいものだと思うな、人には敬意を持つべきだ」ということを特に強く言っています。

一　何事ニ付テモ、我身ヲイミジキ者ト思ベカラズ。ヨソニハ如何沙汰シ、人ハナニトカ見ラント思ベシ。構テ我身ヲバヒケシムベシ。タトヒ劣《レツ》ナル人ナリトモ、人ニハ敬ヲ□。

何事についても、自分自身を他の人びとより優れた者だと思ってはならぬ。世間では自分のことをどのように噂《うわさ》しているか、また他人は自分をどのような者と見ているだろうかと思い、自分自身を反省すべきである。常に用心して我が身をへりくだるようにすべきである。たとえ、自分より身分や地位の劣った人であっても、人には敬意を払うことが大切である。

（同前第七条）

ちょっといいレストランや会員制のクラブにいくと、お店の人にやたらと偉そうに振る舞うおじさんをみかけることがよくあります。そんなやりとりが耳に入ると、この人は、どこへ行ってもこんなに偉そうにするのかなぁ、と自分が言われたわけではないのですが、やはり不快に感じます。

偉そうな態度を取るのは、その人の気質によるものである場合もありますが、もともとはごく普通の人が、ポジションが上になるにしたがってどんどん偉そうになり、やがてそうした態度が染みついて、ついにはそれがその人の人格にまでなってしまうということがあります。

作家さんやタレントさんも、最初はとても感じのいい人だったのに、売れてくることでだんだん偉そうになってしまうことはよくあります。その点、ビートたけしさんは、周りが立てて丁寧に接するということはあるのですが、たけしさん自身がそれに対して偉そうにするのは見たことがありません。

たけしさんは、その業界ではトップの人です。そういうトップの立場にある人が立派な態度で仕事をしているのに、中途半端な立場の人間が偉そうにしていると、かえってみっともなく思えてきます。

そういう意味では、この「自分自身を他の人びとより優れた者だと思ってはならぬ」という重時の家訓は、世の中には自分よりもっと上の人間がいて、その人が威張らずにいるのであるから、自分が威張っているのは恥ずかしいと思え、という教訓だと見てもいいのではないかと思います。

トップこそ謙虚であれ

多胡辰敬も重時と同じように「慢心してはいけない」と戒める家訓を残しています。

その家訓は第二十一条ですが、あいかわらず彼の家訓は長いので要約すると、「何事もよく考えなければ望みどおりにはならない。だがよく考えるためには、謙虚にならなければならない」ということです。

そのことを教えるために辰敬は、一つのエピソードを記しています。

極楽寺《ごくらくじ》に重阿弥という碁打ちがいた。彼は自分を天下一の碁打ちだと思っていたが、ある日、どこかから客の僧が来て碁を打ったところ、それがものすごく強い打ち手で、負けた重阿弥はあまりのショックで呆然となってしまったというものです。
そして、辰敬は言います。小国とはいえ日本は広い。自分ほどのものはいないと思うことは井の中の蛙《かわず》と同じだ。

物事にただ料簡を思ふべし、器用ありとも身をな漫じそ
物事に上には上の位あり、我より下の数あまたあり
（「多胡辰敬家訓」第二十一条より）

これらはいずれも慢心を戒める歌です。
慢心を戒めるのは商家の家訓も同じです。近江商人・中村治兵衛も次のように言っています。

成人した後においても、つつましい生活をすることを第一にして、人よりも謙

虚な心持を持って、いつも人は自分よりも賢いと心得て、仏様や神様のお陰と思えば、身代もよくなるのである。奢《おご》ることなく、人並みに生活しておれば、いつも気分的に安心して世間を渡ることができる。人がどのように言っても、自分さえ謙虚にしておれば、自然に神仏のご加護が得られ、安泰に世渡りができるのである。

（中村治兵衛「宗次郎幼主書置」第二条）

「実るほど頭《こうべ》を垂れる稲穂かな」という言葉がありますが、本当に立派で、立場が上の人なのに、とても腰が低いという人がときどきいます。

落語家の春風亭昇太《しゅんぷうていしょうた》さんや立川志の輔《たてかわしのすけ》さんなどは、トップに立つ実力者なのですが、とても腰が低い人です。

私は昇太さんにお会いする機会があるのですが、彼は楽屋にいると若手に変に思われることがあるそうです。というのは、昇太さんと後輩の落語家さんが話していると、昇太さん自身が若々しいので、「後輩のくせに先輩にため口をきいている」と誤解されるらしいのです。

最近は、こうしたトップに立つ力量の持ち主でありながら周りの人に対して丁寧に接する人が増えているような印象があります。

それはそれで素晴らしいことなのですが、「時代の流れはこうなのかな」と、亡くなった立川談志《だんし》師匠のような方を少し懐かしく思うこともあります。

あの方は、「師匠」というものを一つのパフォーマンスとして演じていたところがあったのだと思います。談志さんは、弟子たちにあれこれ無理難題を言うのですが、そういう無理をトップが言うと、下は慌ててそれに応えようとするので弟子どうしの結束力が強まるなどして、他にはないちょっと面白い集団ができるという効果があります。

実際、談志さんのところでは志の輔さんや談春《だんしゅん》さんなど素晴らしい弟子がたくさん育っています。そういう意味では、トップの人が愛情を持って、なおかつざわつきが起こるように振る舞うというのもまた師匠のよさなのかもしれません。傍《はた》から見ると偉そうに見える言動でも、それが上に立つ人間の単なる傲慢《ごうまん》なのか、根底に愛情のあるる刺激なのかというのは、下の人間の成長に表われるということでしょうか。

一人酒をしてはいけない

一　酒ナンドアランニ、一提ナリトモ一人ニテノムベカラズ。便宜アラン殿原《とのばら》モラサズ召寄テ一ドナリトモノマスベシ。サレバ人ノナツカシク思付ク也。

酒などある場合には、たとえ提《ひさげ》一つであっても、一人で飲んではならぬ。都合のつく仲間をもらさず呼び寄せ、一度でも飲ますべきである。そうすれば、人も其方を親しみ心を寄せるようになるであろう。

（北条重時「六波羅殿御家訓」第十二条）

お酒があったら仲間に声をかけ、来られる人を漏らさず呼び寄せて、一度でも飲ませるべきである。これは、もらい物があったら、独り占めせずにみんなで分け合って食べようということです。

お酒というのは、いつの時代も働いた後の楽しみです。鎌倉時代の武士は禁欲的な精神の持主ですから、一二五二年には沽酒《こしゅ》の禁と呼ばれる禁酒令まで出されています。それだけ酒を飲むという習慣が広まっていたということでもあります。

しかし、重時は酒を飲むこと自体が悪いのではなく、一人で飲むことが悪いと言います。ここで言う「お酒」というのは、貴重で美味しいものや、いただき物など飲食の楽しみ、すなわち今日のパーティーと考えるといいでしょう。美味しいものを皆で分かち合うことで、分けてもらった人は喜び、相手に親しみ心を寄せるようになるのです。

もらい物を振る舞うことを「お裾《すそ》分け」といいますが、これがスマートにできる人は確かに好感をもたれます。

私の身近にも、これがとても上手にできている人が何人もいます。そのうちの一人はまだ学生ですが、ちょっともらい物があると、とにかく仲間みんなに分けるのです。また、どこかへ行くと必ずお土産を買ってきてゼミの仲間に配ったりもします。

そういう気配りのできる人が一人いると、人間関係がとても和《なご》やかになります。

同じような家訓は、今川了俊の家訓にも見ることができます。

一　独味《どくみ》を好み、能く人に施さず、隠居令《し》むる事。

自分だけがうまい物を食うことを好み、人に施さず、家の奥深くに隠れて食べるなど、何事についても、わが身のことのみ願うなどすべきではない。

（今川了俊「今川状」第十八条）

今の時代で言うと、お酒や美味しい食べ物だけではなく、予定外の収入があったときに、上手に周囲に振る舞うのも、この家訓に適《かな》った行動と言えるでしょう。たとえば宝くじに当たったり、競馬で大穴を当てたりしたときに、「今日は僕がおごるよ」と言う人がいますが、そういうことを上手にしている姿は見ていて気持ちのいいものです。

心の中を悟られないようにすること

人間関係で一番難しいのは、相手との丁度いい距離感を摑むことでしょう。

これまで見てきた家訓も、謙虚だけれど卑屈にならず、親しいけれど礼節をわきまえているなど、いろいろなポイントから距離感のつかみ方を教えています。

一　朝夕ノ家中ニモ、我ガフルマイヲ試ミテ、世間ニ如何サタスラント思ヒ、召仕フ若タウ《(党)》ニモ心中ヲミヘジト、此ノ二ノ構ヘ心ニ懸テ（後略）

日常、家中での自分の振舞をよく試してみて、世間ではどのように評判しているか注意し、また身近に使う若党にも、自分の心中をさとられぬようにすること。この二つを心がけるべし。（後略）

（北条重時「六波羅殿御家訓」第十六条）

この家訓が教えていることは、二つあります。

一つは第1章でも述べたように、常日頃から、自分の振る舞いを世間がどのように言っているのか、つまり自分の評判を気にしなさいということです。

もう一つは、自分の心の中を、身近な者にも、知られないようにしなさいということです。具体的に言えば、たとえば内心では怒っていたとしても、人に怒鳴ったりしないように、あるいは不愉快な感情がわき上がっても、それが表情に出ないよう気をつけなさいということです。

この二つは一見、別々のことのように思えますが、根底にあるものは同じ「世間の目」です。

たとえば、自分の心の中にある怒りの感情を、そのまま表に出してしまうと、周りからは「あの人は怒りっぽい」とか、「器《うつわ》が小さい」と思われ、世間の人物評は悪くなります。不快な感情を出すのもやはりマイナス評価を招きます。ですからこれはどちらも、世間の目というものを常に気にして、自分の評価を下げてしまわないように感情と行動のコントロールをしなさいと言っているのです。

伊勢貞親も重時同様「不快でも表情に出してはいけない」と言っています。

一　いかに気に合はざる者成共《なりとも》、対面すべし。聊其《いささかその》色を見すべからず。其色を見すれば、弥《いよいよ》あだと成《なる》べし。いかに野心を挟《はさむ》者なれ共、其深の様なれば、思《おもい》なをす事ありて帰服するもの也。心得可し。

どんなに気の合わぬ人であっても、来訪すれば対面すべきである。かりそめにも、不快さを顔色に出してはならぬ。顔にあらわせば、ますます相手は恨みをもつであろう。どれほど野心を持つ者であっても、その気持が深遠であれば、思い改めて帰順するものであるから、心得ておくべきである。

（「伊勢貞親教訓」第二十四条）

どんなに気が合わない人であっても、決して不快さを顔に出してはいけない。こちらが不快さを表に出せば、相手はますますこちらを嫌いになるからです。

いやな相手ににこやかに接するのは簡単なことではありませんが、少なくとも不快さを相手に悟らせない程度のポーカーフェイスを身につけることは、人間関係をスムーズにするためにも、自分の評価を落とさないためにも、大人として身につけたい技術の一つです。

大切なのは人を好きになること

北条重時や伊勢貞親の家訓を読んでいると、昔の武士というのはここまで「世間」というものを気にして生きなければならなかったのか、と驚かされます。

常に世間の評判を気にし、家族や家来にも気を遣い、無闇に心をさらけ出してはいけない——。このように列挙していくと、今以上に人間関係におけるストレスの多い社会だったのではないかと思えてきます。

そう考えると、人づきあいが辛くなりそうですが、伊勢貞親はその家訓の最後を次のような言葉でまとめています。

（前略）唯《ただ》人の家を継《つが》んものは万能よりも一心也。能芸にはすかずとも、肝要は人にすくべき也。人と寄合はざる者、公界にて人とは謂《い》はざる物也。

人の家を継ぐべき者は、さまざまの物事に巧《たく》みなことよりも、その一心である。芸能は好まぬとも、大切なことは、人を好くべきことである。人と寄り合わぬ者は、世間では人と云わぬものである。

（「伊勢貞親教訓」第三十八条）

いろいろなことを言ってきたけれど、何よりも大切なのは「人を好きになること」である、ということです。

「人と寄り合わぬ者は、世間では人と言わない」

人を好きになって、世間と寄り合って生きてゆきなさい。そうでない者は、世間では人と言わないんだよ、ということですが、実は福澤諭吉《ふくざわゆきち》もこれと同じようなことを『学問のすゝめ』の最後に記しています。

人類多しと雖《いえ》ども鬼にも非ず蛇にも非ず、殊更に我を害せんとする悪敵はなきものなり。恐れ憚《はばか》るところなく、心事を丸出《まるだし》にして颯々《さつさ》と応接すべし。故に交わりを広くするの要はこの心事を成《な》る丈《た》け沢山にして、多芸多能一色に偏せず、様々の方向に由《よ》って人に接するに在り。或いは学問をもって接し、或いは商売に由って交わり、或いは書画の友あり、或いは碁将棋の相手あり、凡《およ》そ遊冶放蕩《やほうとう》の悪事に非ざるより以上の事なれば、友を会するの方便たらざるものなし。或いは極めて芸能なき者ならば共に会食するもよし、茶を飲むもよし、なお下りて筋骨の丈夫なる者は腕押し、枕引き、足角力《あしずもう》も一席の興として交際の一助たるべし。腕押しと学問とは道同じからずして相与《あいとも》に謀《はか》るべからざるようなれども、世界の土地は広く人間の交際は繁多にして、三、五尾の鮒《ふな》が井中《せいちゅう》に日月《じつげつ》を消《しょう》するとは少しく趣きを異にするものなり。人にして人を毛嫌いするなかれ。

（『学問のすゝめ』福澤諭吉）

インターネットが発達したことによって、近年私たちは直接人と会わなくてもいろいろなことができるようになりました。確かに便利ですが、そういう生活ばかりになってしまうと、自分でも気がつかないうちに人間としての幅が狭くなってしまいます。だから、そうならないように、食事会でも飲み会でも趣味の集まりでも何でもいいので、人が集まる機会があれば積極的に顔を出し、直接人と交わり会話をすることが大切です。

実を言うと、私も本来はあまり社交的、いうなれば「対人体力」があるほうではありません。しかし、人と会うのが仕事なので、三十代、四十代のときは、むしろ対人体力を鍛えようと思い、人に誘われたら断わらず、夜遅くまで飲んで騒ぐ、ということをしていました。しかしその結果、確かに対人体力は鍛えられましたが、あまりにも頑張りすぎたため、本来の肉体的な意味での体力を使い果たして、体調を崩してしまいました。

そこでそれ以降は、仕事以外のつきあいは控えることにしたのですが、やはり仕事で会う人以外には会わないとなると、人間として幅が狭くなってきてしまいます。ですから今は、原則として、プライベートでも熱心に誘ってくれた場合には無下《むげ》に断わることをせず、適度につきあうことにしています。

飲み会なんて面倒くさいと思うかもしれませんが、「誘ってもらえるうちが花」ということもあります。フルに参加するのがきつければ、少し遅れて参加したり、逆に早くから行って「今日ちょっと用事があるので早めに失礼します」と言って、一足早く退席してもいいでしょう。これはちょっとしたテクニックでもあるのですが、少しでも参加すれば、世間は「忙しいのにつきあいがいいやつだ」という評価をしてくれます。

これを徹底して行なっているのが政治家です。彼らはとにかくあらゆる会に顔を出します。彼らはある意味それが仕事なので、たとえ一分でも、一言挨拶するだけでも、という徹底したやり方をしていますが、私たち一般人は、そこまでする必要はありません。誘われたらできるだけ参加する。時間がないときは、一杯飲むぐらい一緒に過ごしてから引ける、ということを無理のない範囲でするのがいいのではないでしょうか。

女性はおしゃべりが好きなので、よく仲のいい人たち何人かで集まってお茶会や食事会を開きますが、男性はあまりやりません。仕事帰りに同僚と一杯やるというのがせいぜいでしょう。しかしそれも年を取るとだんだん面倒くさくなります。ましてや仕事をリタイアしてしまうと「仕事帰り」がなくなるので、ますますそういう機会は減ってしまいます。

そういう場合の提案として、私は高齢者の男性にランチの会をお勧めしています。私がこうした男性ランチの会を思いついたのは、私自身が夜の会合で、長時間の飲みすぎ、騒ぎすぎに、ほとほと疲れ果ててしまったからでした。

夜だとどうしてもお酒が入ってしまうので、時間も長くかかるし、出かけること自体も億劫になりがちです。その点ランチなら、お酒が入ることもなく、一、二時間適度に会話を楽しんで、解散することができるので、気軽に集まることができます。

いろいろな人と寄り合ったほうがいいとはいうものの、やはり世の中にはつきあわないほうがいい人がいることも事実です。

戦国末期から江戸時代初期にかけて巨額の富を築いた博多の商人・島井宗室は、つきあうべき人間と、つきあってはいけない人間を次のように定義しています。

一　生中、知音《ちおん》候ずる人、あきないずき、所帯なげきの人、さし出ぬ人、りちぎ慥《たしか》なる人、さし出す心持よくうつくしき人には、ふかく入魂《じっこん》もくるしからず候。又、生中知音仕まじき人、いさかいがちの人、物とがめ候人、心底あしくにくちなる人、中言をゆふ人、くわれい（華麗）なる人、大上戸、うそつき、官家ずきの人、ざつとう（雑踏）、しやみせん、小うたずき、口がましき人、大かたかやう之人々、同座にも居まじき事。

一生涯、親しく交わるべき人は、商売好きの人、家業に励む人、出しゃばらぬ人、律儀で信用できる人であり、ことに出しゃばらず心持がよく、さっぱりしている人には、親密に懇意になっても差しつかえながない。これに対して、親しくすべきでない人は、言い争いがちな人、人を咎《とが》める人、心の内が悪くうとましい人、人の中傷を云う人、派手好きな人、大酒飲み、うそつき、権威に媚《こ》びへつらう人、雑踏・三味線・小唄の好きな人、口やかましい人など、大体このような人びとは、同座すべきではない。

（「島井宗室遺言状」第七条）

つきあうべき人間については、商人ならではという感じがしますが、つきあってはいけない人間は、「雑踏・三味線・小唄の好きな人」など、現代では少々当てはまらない人も含まれていますが、その他ほとんどの部分は、どんな時代の、どんな職業の人にとってもほぼ当てはまる、本質的な部分だと思います。

とはいえ、人を職業や見た目で判断するのはできるだけ避けるべきでしょう。人は実際につきあってみないとわからない部分もあるので、まずはいろいろな人と交流し、こうしたあまりよくない性質があることがわかったら、そういう人とは距離を置くようにするというのが、いいのではないかと思います。

第4章

近江商人に学ぶ「三方よし」の精神

——お金の訓え

私利を貪《むさぼ》ることなかれ

先日、あるテレビ番組で、滋賀県の琵琶湖周辺の町には貯蓄額の多い家がたくさんあるので調べていくと、それは「近江商人の伝統」が受け継がれているからだった、という話をしていました。

近江商人とは、鎌倉時代から昭和の初めにかけて活動した、琵琶湖周辺の商人の総称です。その特色は「行商」で、近江の中だけで商売をしている人は近江商人とは言わないそうです。

行商ということは、他国で商売をするということです。多くの行商が地元で作った物を他国で売るだけなのに対し、近江商人は地元で作った物を他国で売って得たお金を元手にその土地の特産物を仕入れて、今度は地元で売るという行きも帰りも無駄のない商売をしていました。これを「鋸商い《のこぎりあきな》」といいます。

そんな近江商人が共通して持っていた考えが、『商家の家訓』（吉田實男著）に紹介されています。明治二十三年に刊行された『近江商人』（井上政共著）という本に書かれていた言葉だそうですが、それは次のような言葉です。

他國へ行商スルモ總《すべ》テ我事ノミト思ハズ、其國一切ノ人ヲ大切ニシテ、私利ヲ貪ルコト勿《なか》レ、神佛ノコトハ常ニ忘レザル様ニ致スベシ

「他国へ行商する場合、自分のことばかり考えてはいけない。そこの土地のすべての人を大切にして、自分だけの利益を貪るようなことのないようにしなければならない」ということです。

中村治兵衛という人は、父親が残した麻布の生産という小さな商いを引き継ぎ、自ら天秤棒を担《かつ》いで行商に歩くことで家業拡大の基礎を築いた苦労人です。その治兵衛が家訓を残した相手、第九条に名前が出てくる「宗次郎」は、実は彼の実の息子ではありませんでした。彼に息子がいなかったわけではありません。一時は家督《かとく》を譲った息子が三十四歳の若さで亡くなってしまったため、その遺児である孫娘に婿養子を取り、あらためて家督を譲ったのです。その婿養子が宗次郎です。

この家訓が書かれたとき、治兵衛は七十歳、宗次郎はまだ十五歳でした。治兵衛は

七十三歳で亡くなりますが、そのとき残した辞世の言葉が残っています。

とやかくもたゞ幻の世の中に、まこと盡《つく》せば菩提なりけり、
何事も今なすこゝちすませば、二世の安樂

誠を尽くしなさい、そうすれば次の世代に安楽が待っているよ、ということです。この言葉には、心から天の計らいを信じ、ひたすらに子孫の繁栄を思う治兵衛の気持ちが溢《あふ》れています。幸いなことに宗次郎は人柄がよく、治兵衛が残した家訓をよく守って、さらに家業を発展させています。

また、治兵衛のこの家訓は中村家だけでなく、長く近江商人に受け継がれ、昭和の初めに一つの標語として結実します。

それが近江商人の行動哲学を示す言葉「三方よし」です。

「三方よし」とは、「売り手よし、買い手よし、世間よし」ということです。

商売で利益を得るのは売り手だけだと思われがちですが、よい商品を誠実に商え

ば、買い手も「いいものを買わせてもらった」と思うものです。そして、そういうフェアな取引が行なわれることで、その地域全体にも何かしらの利益が生まれる。商売というのは、そのように関わる人がすべて幸せになるものであるべきだ、というのが「三方よし」です。

かつて、アウェイでの商売というのは、利益を貪りがちなものでした。どうせ一回だけの取引なのだから、だましてでも大儲けして帰ってくればいい、と考えてしまうのです。しかし、そんな考え方ではダメだ、お天道様はいつも見ているのだから、どこにいても正直な商売をしなければならない、としたのが近江商人だったのです。

彼らは全国で行商を行なったこともあり、自分たちの行商を一度きりのつきあいとは考えませんでした。いつか巡り巡ってまたその地を訪れるかもしれない。以前の商いに対する評判が、次の商売につながるのだから、次代のためにも喜ばれるような商売をしなければならない、というのが近江商人の行商に対する精神の骨格です。

こうしたものは一般の武士の家訓にはみられないものですが、商人以外には当てはまらないのかというと、そんなことはありません。なぜなら、人生というのはまさに

「行商」のようなものだと思うからです。

仕事で営業に行くのも広い意味では行商と同じですし、恋愛のような私的な出来事も、自分から相手にアプローチをするときは、アウェイの立場で自分というものを売り込むわけですから、これも一種の行商と言えます。

そう考えていくと、治兵衛のこの家訓は単なる商売の「利益」というだけでなく、人生全般に当てはまる人生訓として受け取ることができる、とても奥行きの深い家訓だと言えます。

近年、ビジネスの世界では「Win-Win／ウィンウィン」ということがよくいわれます。交渉する双方が利益を得るということですが、近江商人の三方よしは、ビジネスに直接関わる者だけではなく、「世間よし」という、より大きな視野を持ってビジネスに臨んでいると言えます。

ここで言う「世間」には、二つの意味が含まれています。一つは評判が立つような地域社会、もう一つは「お天道様が見ている」という、より高い視点からの社会です。

治兵衛は家訓の中で「いくさきの人を大切におもうべく候」と言っています。これは一つ目の世間、「評判の立つような地域社会」を指します。

行商は他国の領内で行なう商売です。行商人は土地の人間ではないので、出入り禁止になればそれで終わりです。しかし、その土地に貢献するような商売であれば、行商人は歓迎され、長く商売を続けることができます。ですから利益も大切だけれど、まず第一に、行く先の土地の人々のことを考え、大切にしなさいということです。

今でも、大きな企業が地方に進出する際には、必ずその土地への社会貢献が問われます。たとえば、その企業が地元の人を雇用するとなれば、その土地に新たな安定雇用をもたらすので貢献ということになり歓迎されるでしょう。しかし、地元の人は雇わない、環境を破壊するだけとなると、いい評判にはつながりません。

二つ目のより広い意味での社会貢献は、今「公益」という言葉で表わされているものをイメージしていただくとわかりやすいと思います。「儲かるなら、どんな手を使ってもいい」という考え方では、世間の信用は得られません。

こうした商人たちの視点は武士のものとは少し違いますが、いずれも「世間」というより広い視野を持ち、そこを意識することで自らの行ないを律していくということでは同じと言えるでしょう。

中村治兵衛の「三方よし」という思想は、私利、つまり自分の利益ばかり考えていてはいけないという教えです。

しかし商売をする以上、利益は絶対に必要です。そうなると、どの程度の利益を目指すのが妥当なのか、という疑問が生じます。

この問いに一つの答えを出しているのが、野田《のだ》の醤油王・茂木《もぎ》家の家訓です。

損せざるを以《もっ》て、大なる儲けと知る可し。

（「茂木家家訓」第五条）

千葉県野田に醤油産業が確立したのは天明《てんめい》元年（一七八一年）のことです。当時、個人で醤油の醸造を行なっていた七つの家が団結し、株仲間という形で幕府公認の産業としてスタートしたのが始まりです、家訓を残した茂木家は、その七つの家の中の一つです。

この株仲間は、大正時代に野田醤油株式会社として新たなスタートを切りますが、これは現在のキッコーマン株式会社の前身です。

つまり、この「損をしないことが儲けだ」という家訓は、キッコーマンの創業家の一つの家訓なのです。

茂木家の家訓は初代・茂木啓三郎《けいざぶろう》が書き残したものですが、それ以前から茂木家には文字にはなっていなかったものの家訓があり、これはその口伝をもとにまとめられたものだといいます。茂木家の家訓には、他にも「人として守るべき道徳は元なり、財は末なり（第一条）」とか「極端に道理に悖《もと》るような競争は避けよ（第六条）」、「私費を割いて公共事業に取り組め（第九条）」など、近江商人の「三方よし」に通じるものが見られます。

家訓ではありませんが、渋沢栄一も自分の利益のためだけに商売をしてはいけないと言っています。

単に自己の利益のみを主とし、利益を得んがために、商売をなすというのならば、すなわち報酬を得たいために、職務を執るというに同じく、つまり報酬さえ得れば、職務はどうでもよいことになる。

（『渋沢栄一100の訓言』渋澤健著、日経ビジネス人文庫）

やはり長く続いている企業には、着実な利益を上げつつも私利に走らない、より広い視野から自分の商売を見る目が備わっているということなのでしょう。

「始末」の大切さ

「三方よし」とともに近江商人が古くから持ち続けてきた理念に「しまつして、きばる」というものがあります。

「しまつ（始末）」とは無駄遣いをしないということで、「きばる（気張る）」というのは時を無駄にしないで頑張るということです。つまり、「しまつして、きばる」とは、常に油断せず、少しでも無駄を省いて効率よく頑張りなさい、という教えなのです。
この理念は今も近江地方の人々の間では生きていて、みんな子どもの頃から聞いているので自然と身につくそうです。
「始末」ということでは、もう一つ、面白い家訓があるのでご紹介しましょう。

もろもろの人々沙汰し申さる丶ハ、金溜まる人を運のある、我は運のなき抔と申すハ、愚にして大なる誤なり。

（中井《なかい》源左衛門《げんざえもん》「金持商人一枚起請文」）

これは日野商人初代・中井源左衛門という人の遺訓の一節です。日野商人も広い意味では近江商人なので、基本的な理念は同じ「しまつして、きばる」です。
源左衛門の家訓は、よくある「一、――」という条文形式ではなく、一つの文章になっています。それには「金持商人一枚起請文」というタイトルがついているのですが、これは、この遺訓が浄土宗の開祖・法然上人《ほうねんしょうにん》が浄土宗の教義の神髄をまとめた「一枚起請文」を真似《まね》て書かれたものだからです。

源左衛門は一七〇〇年代の人ですが、面白いのは、金持ちになるかならないかは「運ではない」とはっきりと言い切っていることです。

源左衛門という人は、数え歳十九歳のときにわずか二両の元手を懐《ふところ》に行商を始め、三十四歳のときには資産を七七五両、つまり元手の四百倍にまで増やしたというやり手の商売人です。

一代で巨富を手にした源左衛門は、傍《はた》から見れば確かに「運のいい男」に見えたことでしょう。でも、それが運の賜《たまもの》ではないことを源左衛門自身は知っていました。だからこそ、お金が貯まるのは運のいい人で、自分は運がないから貯まらないのだ、という人は大バカ者だと言っているのです。

では、運ではないとしたら、どうしたらお金持ちになれるのでしょう。

この答えも「金持商人一枚起請文」に書かれています。

金持にならんと思はゞ、酒宴遊興奢《おご》りを禁じ、長寿を心掛、始末第一に、商売を励むより外に仔細は候はず。

（同前）

お金持ちになろうと思うなら、贅沢《ぜいたく》をしないで始末しながら努力する以外に方法はない、ということです。

源左衛門は、いくらやり手と言っても近江商人ですから、あくどいことをしてがっぽり儲けたわけではありません。野宿をして旅費を節約したり、芋をかじりながら小さな商いをこつこつしたり、まさに「しまつして、きばる」を実践した結果、少しずつ商いを大きくし、やがて店を持ち、店を増やし、最後には仙台藩に巨額の融資をするほどの大商人になったという努力の人なのです。

ちなみに、「始末」という言葉は倹約と訳されることが多いので、誤解されがちなのですが、始末はケチとは違います。

始末と吝《しわ》きの違あり。無知の輩《やから》ハ同事とも思ふべきか。吝光りは消えうせぬ。始末は光明満《みち》ぬれば、十万億土を照らすべし。

（同前）

ケチは古い言葉では「吝（しわ）」と言います。倹約（＝しまつ）は素晴らしいが、ケチ（＝吝）はよくない。しまつは無駄を省くことですから、風通しがよくなり明るくなりますが、吝は必要な物まで惜しむ守銭奴になる危険性がある。だからあくまでも吝ではなく「しまつして」きばることが大切だと源左衛門は言っているのです。このように言っている源左衛門ですが、「運」の要素を完全に否定しているわけではありません。

それを祈《いのり》候には、陰徳善事をなさんより別儀候はず。

（同前）

「運」というものもないわけではないけれど、運を得るためには「善い事を行ないながら、神仏に祈るしかない」。そうして「二代、三代と続けて善人が生まれれば」運で長者になることもあるだろう、というのですから、やはり何も努力しないでただで与えられるような運はない、ということになります。

そもそも運がよかった悪かったという考え方自体がよくない。「運」というものがまったくないわけではないけれど、運を引き寄せるには、一代の努力では無理で、二代三代と努力して初めて運を引き寄せることができると知りなさい、というのが源左衛門の遺訓です。

何かあったとき、「自分はついていなかった」とつぶやいてしまう人は、ぜひこの家訓を音読して、心に刻んでいただきたいと思います。

「しまつして、きばる」を別の言葉で言っているのが、安田《やすだ》財閥の創始者・安田善次《ぜんじ》郎《ろう》の家訓です。

勤儉貯蓄と云へば、唯《ただ》儉約して貯金を為すが如《ごと》く解する者あるも、決して然《しか》らず勤儉とは勤勉にして節儉を守るの意にして、換言すれば「業務を勤勉し、冗費を節する」の謂《いい》なり、即《すなわ》ち勤は積極的の語にして進取を意味し、儉は消極的にして保守を意味す

勤倹貯蓄といえば、ただ倹約して貯金をすることと解釈する者がいるけれども、決してそうではない。勤倹とは勤勉にして節約することであり、換言すれば「業務を勤勉し冗費を節する」ことである。すなわち「勤」は積極的な語で進取を意味し、「倹」は消極的な語で保守を意味する。

（安田善次郎「勤倹貯蓄談」）

安田善次郎は、小間物の行商から始め、鰹節《かつおぶし》の小売り兼両替商に勤め、コツコツ貯《た》めたわずかな元手で露天の両替商を起こし、一代で財閥を築きあげた明治・大正時代を代表する大実業家です。この家訓は、その安田善次郎が自ら築き上げた財閥傘

下の銀行員に向けて書いた『勤倹貯蓄談』に載っているものです。
タイトルにもなっている「勤倹」という言葉は、最近はあまり聞かなくなりましたが、「勤勉に働いて倹約する」という意味ですから、「しまつして、きばる」とほぼ同じ意味の言葉と言えるでしょう。これは、全部で五ヶ条という短いものですが、「人生必携の書」と言われる珠玉の家訓です。
善次郎はこの家訓の中で、次のように言っています。

勤倹は美徳なりと雖《いえど》も、其實行《じつこう》に至っては頗《すこぶ》る至難の業《わざ》に屬《ぞく》す

（同前）

すなわち、勤倹は美徳だけれども、実行するのは至難の業だというのです。そして、意志の弱さこそが失敗の原因だとして、己の弱い心に負けないように努力しなさい、と注意を促しています。事実、善次郎の人生は、この家訓に恥じない、非常に強い意志に貫かれたものでした。

彼は郷里の富山を出るとき、次の二つのことを心に誓い、このときの誓いを、死ぬまで守り続けたと言われています。

一、自己の利益を得た為には勿論のこと何事か拘《かか》はらず、虚言を以て他人を損し害《そこ》なはざること。

一、如何なる利益の假《よ》しあったにしろ、身分不相当の生活は断じて為すべからざること。

（『商家の家訓』より）

安田善次郎が最初に財を築いたきっかけとなったのは、明治二年（一八六九年）、新政府が新紙幣を発行したときに、それを買えるだけ買ったことでした。当時、明治政府はまだできたばかりで信用が低く、新紙幣を発行したものの、その価値は額面表示金額では取引してもらえず、市場では額面より六二％も低い価値で取引されていました。そんな、誰も新紙幣に価値を認めていなかったときに、善次郎はそれを大量に買ったのです。

この読みは見事に的中し、間もなく政府は新紙幣を額面で扱わないものは厳罰に処するという布告を発します。これにより新紙幣の価値は高騰、彼は巨額の利益を得たのです。

一見すると「運がよかった」とか、「賭けに勝った」と思うかもしれませんが、これも彼の勤倹さが結実したものと言えます。なぜなら、善次郎は過去に郷里の富山藩が藩札の価値が下がったときに、不正な額で交換することを禁止する触れを出していたことを知っていたからです。

もちろん、過去の実績が今回も必ず当てはまるとは限りません。そこで彼は情報をできるだけ集め、新政府の行動をしっかりと予測したうえで、新札購入に踏み切っているのです。

その行動力はまさに「機を見るに敏《びん》」ですが、チャンスだと思ったときにすぐに動くことができたのは、彼が常に勤倹貯蓄を強い意志で実行し、元手となる資金を貯めるとともに、常日頃情報収集に励んでいたからに他なりません。

お金の貸し借りを避けるための方法

ある程度まとまったお金を手にすると、必ずと言っていいほどやってくるのが、「お金を貸してほしい」という依頼です。親戚縁者や友人からのこうした依頼は、なかなか断わりにくいものです。

そんなとき、次のような家訓があると、ある意味非常に助かります。

一　近き親類縁者の内へ金銀取替致候事堅く無用に候。

近しい親類縁者の家に対して、金銀を融通することを堅く禁ずる。

（鴻池善右衛門《こうのいけぜんえもん》「鴻池家家訓」第二条）

これは、関西を代表する豪商・鴻池家の家訓です。江戸時代に大坂で豪商の名をとどろかせていた鴻池家は、明治時代になると金融業で発展し、その後、三和銀行グループを構成、現在も事業は三菱ＵＦＪファイナンシャル・グループに引き継がれ健在です。

家訓では、親類の間での金の貸借を禁ずる理由として、「世間の例を見ていると、お金の貸借が原因で一族が不和になることが多い」からだと続けています。

ここまではっきり家訓に書かれていると、親類縁者から「貸してほしい」と頼まれても、「私個人としてはお貸ししたい気持ちはあるのですが、こればかりは家訓ですので申し訳ありません」と、穏便《おんびん》に断わることができます。これは家訓ならではの威力です。

さらに「これは先々代の家訓なので」、「先代もずっとこれを守ってきていますので」ということが三代も続けば、「あそこは言ってもダメだ」ということが浸透するので、誰も借金を頼みにこなくなります。

そういう意味では、家訓は個人的な感情だと思われがちな人間関係の煩《わずら》わしさや、情がからむ問題から守ってくれる力を持っていると言えます。家訓は法律ではないので、みんなが共有するルールではありません。それでも、「我が家ではこういうルールになっていますのでできません」と言うと、他人には無理強《むりじ》いできない空気が生まれます。
鴻池家以上に厳しく貸し借りを禁じているのが住友《すみとも》家です。住友家の家祖となる住友政友《まさとも》が残した言葉の一つに次のようなものがあります。

一　何たるものにも一やのやどもかし申まじ、又あみがさにてもあつかるまじく候

どのような人にも、一夜の宿を貸してはならない。また、浪人を泊めることも、たとえ網笠一つでも預かってはならない。

（住友政友「文殊院旨意書《もんじゆいんしいがき》」第二条）

借金云々《うんぬん》以前の問題として、この家訓では、あらゆるものの貸し借りはいけないというのですから徹底しています。
人を家に泊めることを「貸し」と考える人は少ないと思いますが、住友家ではそれ

すらも一つの貸借関係と見なして禁じています。

ここまで厳しいと、情がないようにも見えますが、この家訓を書いた住友家の祖・住友政友という人は、とても慈愛の精神に富んだ人として知られているので、情がないというわけではないと思います。

もちろん、単にお金だけでなくすべての貸し借りを禁じるため、ということが第一にあったのだと思いますが、「浪人を泊める」という言葉が入っていることから考えて、おそらく当時は治安が今ほどよくなかったので、氏素性《うじすじょう》のわからない人を泊めることに伴う危険を回避するという単純な意味もあったのだと思います。

寄付は人をダメにする？

まとまった資産ができると、借金の申し込みと並んで必ずくるのが、寄付の依頼です。貧しい者への施《ほどこ》しや、社会還元としての寄付は、積極的に行ないなさいとする家訓が多いようです。今でいうＣＳＲ（企業の社会的責任）にもつながる考え方です。

酒田の豪商・本間家の家訓は、「陰徳」を積むことになるので積極的に施しなさい、としています。

一、貧を憫《あわれ》み弱を扶《たす》け、盛んに陰徳を施すべし。

（本間光丘「本間家家訓」第四条）

関西の豪農・伊藤長次郎家の家訓も、貧しい者への施しを奨励しています。

一　乞食には通れとは云ふべからず、家の大きなかまへなれば夫《そ》れ丈《だ》けに多分やれ、大家が通れと云へば小家六七軒も斷《ことわ》り云ふ様なものなり、夫《それ》を娑婆《しやば》ふさぎと云ふ又土のふたとも云ふ。

乞食が門前で物乞いをしていたら、「向こうへ行け」などと言ってはならない。家の構えが大きくて豊かな生活をしている家は、それだけ多くの施しをするべきである。そのような家が物乞いを断ると、そうでない家々も同じように断ることになる。このような人間を「娑婆ふさぎ」や「土のふた」と言って、生きていても何の役にも立たない、ただ単に場所を塞いでいるだけの人間である。

（伊藤長次郎「伊藤家家憲」第十条）

豊かな家はそれだけ多くの施しをするべきとしたうえで、貧しい物乞いを断わるような人間は「娑婆《しゃば》ふさぎ」、つまりただ単に場所をふさいでいるだけの役に立たない人間だ、と強い言葉で非難までしています。

積極的な施しを推奨する家訓がある一方で、寄付を拒《こば》む発言をしている人もいます。家訓ではありませんが、先ほども登場した安田財閥の創始者・安田善次郎は次のような言葉で明確に寄付を拒んでいます。

「人の寄附などを頼りにしてゐるやうなことで、何人の纏《まと》まった仕事が出来るか。寄附は結局人を過らせるものである。自分の汗と血を以て事をなすと云ふ方針の上に立った仕事でなければ、物にならない」

（『商家の家訓』）

この言葉だけ見ると非情な人のように感じられることでしょう。実際彼は、自らは勤倹貯蓄を掲げ、他人からの寄付を拒んだことから「天下一のけちん坊」と揶揄《やゆ》されたこともありました。しかし私は、彼は決してケチではなく、むしろ弱者や貧者の可能性を信じていた人だったと思います。

私は安田財閥が創設した安田学園で講演をしたことがあります。安田学園では、安田善次郎が語った言葉を授業でも取り上げているのですが、そうした言葉を見ると、彼が非常に立派な人物であったことがわかります。

先ほどの寄付を拒んだ言葉の裏にも、一時的な善行を施しても問題の根本的な解決にはならない。本当に必要なのは一時的な寄付ではなく、彼らが独立し、他人の厄介にならないようになることだ、という彼の考えがありました。そして実際、彼は世の中のためを思い、教育事業への貢献などいろいろなことに尽力しています。

しかし、彼の真意は伝わらず、この時代、巨額の利益を上げる財閥に対して世間の目は厳しく、財閥へのバッシングの声が高まりました。そうした中、大正十年（一九二一年）、国粋主義者朝日平吾《あさひへいご》が名をかたって面会に訪れ、安田善次郎を刺殺したのです。

このような形での寄付はきっぱりと拒んでいた善次郎ですが、実は東京大学の安田講堂や日比谷《ひびや》公会堂、千代田《ちよだ》区の区立麴町《こうじまち》中学校の敷地など数多くの寄付をしていました。

しかし、「寄付は陰徳でなければならない」というポリシーから、すべて匿名《とくめい》で行なっていたため、生前彼の寄付を知る人はほとんどいなかったのです。東京大学の安田講堂も「安田」の名が冠されたのは、善次郎が亡くなった後のことです。

善次郎とほぼ同時代を生きた渋沢栄一は、求めに応じて多くの寄付を行なっていますが、やはり寄付に対して否定的な発言を残しています。

「公益を口実にして他の保護を求めるは日本人の通弊である。（中略）世間にはずいぶん勝手な説を立てる者がある。」

（『渋沢栄一100の訓言』）

この渋沢の言葉には、考えさせられるものがあります。渋沢や安田ほどの大金とはいきませんが、私たちも寄付を行なうことがあります。しかし、それがきちんと使われたのかどうかというところまでは検証していないことが多いからです。

最近で言えば、東北の震災復興支援のために寄付をした方は多いと思います。私も寄付をしましたが、あのときの寄付金がどのような形で復興に活かされたのか、はっきり答えられる人はほとんどいません。

寄付は単にお金を出して終わりではなく、本当に被災者や被災地の役に立ったかどうかが重要です。個人的に寄付をしていない人も、復興税という形で復興資金を出していますから同様です。

寄付だけに限った話ではありませんが、国家予算などのように規模が大きく、関わる人が増えるほど、そうしたお金の使いみちを吟味せず、無駄に使ってしまいがちなのはご承知のとおりです。

人の善意がきちんと活かされる方法と、単なる施しではなく、支援を受ける人々が自立できるようにするための支援方法というものを、私たちはもっと真剣に考えていく必要がありそうです。

第5章

「浮利」を追ってはいけない

——仕事の訓え

上に立つ人間の心得

鎌倉幕府の重鎮である北条重時は、上に立つ者は、身内や部下、身近な周囲の人々すべてに細かく気を配らなければならないとしています。

一　人ノ過ヲ讒言《ざんげん》スル者アランニ、其ヲ聞テ無左右《さうなく》成敗スル事努〻《ゆめゆめ》アルベカラズ。何《いか》ニ不思議ニ思《おもう》トモ、能《よく》心ヲ静《しずめ》テ、今一方ニ、是ニヨリ猶道理ヤアルラント思ヒテ、両方ヲ聞合セテ、是非ニ付テ成敗スベシ。全ク親疎ニヨルベカラズ。タダ道理ニヨルベキ也。

人の過失を讒言《ざんげん》する者がいた場合、それを聞いて即座に成敗《せいばい》するのは、決してすべきではない。いかにいぶかしく思えても、よく心を落着かせ、讒言されている者にも、なお道理がないかと思案して、両者の云分をよく聞き合せて、是非に従って処罰すべきである。決して親疎によって処罰せず、ただ道理に基づいておこなうべきである。

（北条重時「六波羅殿御家訓」第十条）

重時が言うには、まず家中の者に平等に声をかけ（第六条、118ページ参照）、さらに告げ口を聞いてもすぐに処罰せず、きちんと事実関係を確かめてから決めなければならない（第十条）というのですから、なかなか大変です。

大勢の家来を抱える武家のトップは、今に置き換えると大企業の経営者のようなものです。そのため、これらの家訓も企業トップの心得として置き換えて読むと、現代にも通用する知恵に満ちていることがわかります。

いつの世も、立場が下の者が上の人に話しかけることはなかなかできません。ですから、立場が上の人ほど、部下や新入社員、あるいは取引先の人など立場上遠慮している人に積極的に声をかけると「あの人は思いやりのあるいい人だ」と喜ばれます。

これで思い出されるのは、天皇、皇后両陛下です。

天皇、皇后両陛下は、どこへ行かれても、自ら進んで人々に声をかけられます。それもただ単にお声をかけるだけではありません。子どもを相手にお話しになるときは、姿勢を低くし子どもの目線に合わせ、震災の被災者を見舞われたときは、避難所となっている体育館の床に膝《ひざ》をついて、被災者の手を取ってお話しされていました。両陛下はそのようなことをごく自然になさっています。

上の立場の人間が、心遣いをもって立場が下の人々、遠慮がちな人々に言葉をかけることはとても大事なことです。

これは上下関係ばかりではありません。私の友人に、どこへ行ってもすぐにそこにいる人たちと仲良くなる人がいます。自分の勤め先はもちろん、取引先の会社の受付の人や守衛さんともすぐに仲良くなってしまうのです。たわいもない雑談でも、話をするようになると、そこには人間的な交流が生まれます。すると、たとえばちょっと受付時間がオーバーしても、「すこしぐらい、いいですよ」と言ってもらえるなど、顔パスと言われるような融通が利くようになります。

もちろん、彼はそれを目的としていたわけではありませんが、やはりそういう人間的なコミュニケーションを自然ととれる人は人に好かれますし、仕事においても出世していきます。

人に自分から声をかけられるかどうかは、持って生まれた気質の問題だという人もいますが、私はむしろ習慣の問題だと思っています。どんな人でも意識的に話しかける練習をしていけば、どんどんできるようになります。

戦国時代から江戸時代前期にかけての武将、鍋島直茂《なべしまなおしげ》は、家訓の中で上に立つ者は、下の者の気持ちを汲《く》むことが大切だと言っています。

一　己下の心を能く計り、其の旨を以て、上に至つて校量し候はゞ、迦《はずれ》有りがたく候。

上に立つ者は、下々の人たちの心をよく推計《おしはか》り、この心得によって、上に立ったときには、自分の心に人びとの身の上をおしあてて事をなせば、大きな誤りを犯すことがない。

（鍋島直茂「直茂公御壁書」第三条）

一　下輩の言葉は、助けて聞け。金は土中にある事、分明。

下々の者は、上の者に対して、訴えや言分を十分に云えないものであるから、これをよく補って聞いてやること。大事な金は土中に埋もれている。下々の者の言葉も、川底の砂をさらって金を取るように、道理にもとづいて詮議することである。

（同前第五条）

この二つの家訓を続けて読むと、上に立つ者は下の者の心を汲まなければならないが、下の者は上の者に言いたいことを十分には言えないことが多いのだから、上からしっかりと彼らの言い分を聞き出すことが大切だということになります。

つまり、上に立つ者には、「聞く力」が必要だということです。

この家訓はなかなか表現が上手いと思うのですが、下々の言葉は「川底の砂金」のようなものだと言っています。砂金というのは一つ一つは細かく小さなものですが、とても貴重なものです。下々の言葉も同じように一つ一つは些細《ささい》なことでも、役に立つ貴重な意見になるのです。しかもその砂金が「川底」にあるということは、埋もれていてすぐには出てこないということです。

確かに日本人は、一回聞いたぐらいでは本心は明かしません。疑問や不満はありますかと聞いても、最初はだいたい「特にありません」といいます。でも、二度三度と聞いていくと、「実は――」と、本音が少しずつ出てきます。

ですから日本では、本音を引き出すには繰り返し聞くということがとても大切なのですが、そこにはやはり話しやすい相手と、話しにくい相手がいます。相手が威圧的だったり、事務的では本音を打ち明けようという気持ちにはなれません。逆に、普段からささやかでも人間的な交流があれば、「あなただから言うけど、実はね――」というように、早くから本音を引き出すことができます。

こうした「本音を引き出す手間」を省くためにも、上の立場の人間は、普段から積極的に声かけをして、周囲の人間と人間的な交流を築いておくことがとても大切なことなのです。

上の者が下の者をきちんと褒《ほ》めることもとても大切です。

面白いのは、重時が、自分の家中の者と他家の者がいる場合、積極的によその人間を褒めなさいとしていることです。

その理由として、たとえそれで恨まれるようなことがあったとしても、身内の者であれば、後で取りなすことができるからだとしています。確かに、距離の遠い人間は一度恨まれてしまうと、誤解をとくことが難しいので、とりあえず距離の遠いものほど褒めておくというのはいい作戦なのかもしれません。それに、このとき身内と信頼関係ができていれば、外の人間を褒めたとしても、それだけで身内から恨まれることはまずないでしょう。

ここで参考になるのが、武田信繁と黒田如水の「賞罰」についての家訓です。

一　褒美《ほうび》の事。大細に依《よ》らず、則《すなわ》ち感ずべき事。三略に云《いわ》く、功を賞するに時を踰《こ》えず。

家臣に対する褒美については、その働きの大小によらず、直ちに褒美を与えるべきこと。『三略』に云う、「（賢を禄するに財を愛《おし》まず）功績を賞する時は、その時を過ごさず直ちに賞せよ」（上略）。

（「武田信繁家訓」第三十四条）

一（前略）誠の威といふは、先《まず》其身の行儀正敷《ただしく》理非賞罰明かなるは、強《しい》て人をしかりおどす事はなけれども、臣下万民敬ひ恐れて、上をあなどり、法をかろしむるものなくして、おのづから威備《そなわ》るものなり。

真の威厳というのは、第一に自分自身の行儀を正しくし、理非賞罰を明確にすれば、無理に人を叱り、恐れさすこともなく、家臣万民はすべて主君を敬い畏怖して、上を侮《あなど》り法を軽んずる者もなくて、おのずから威厳は備わるものである。

（「黒田如水教諭」第三条）

武田信繁は、『三略』の言葉を引用して、褒美を与えるときはすぐに与えなさいと言っています。普段から部下をきちんと褒められるべきときに褒めていれば、他人が褒められているのを見ても嫉妬しなくなります。

また、上司が部下に気を遣っていたら上司としての威厳がなくなるという人がいますが、そういう人は、この黒田如水の家訓を参考にすべきです。何が道理にかなっていて何がかなっていないことなのかということと、事があったときの賞罰を明確な基準をもって行なっていれば、人を叱ったり、恐れさせたりしなくても、上の者の威厳は自ずと備わるということですが、その通りだと思います。

北条重時は、告げ口を聞いてもすぐには判断するな、きちんと両者の言い分を聞いて賞罰を判断しなさいと言っていますが、これはまさに理非賞罰を明らかにするということです。

こうして見ていくと、ここで紹介した家訓はすべて、言い方は違いますが、その本質は同じだということがわかります。つまり、要は上の者は下の者に対して「思いやりの心を持って接しなさい」ということです。

奉公人の心得とは

基本的に家訓は成功者が跡継ぎに残すものなので、経営者や人の上に立つ者の心得を記したものが多いのですが、中には奉公人の心得について言及したものもあります。

豊臣秀吉の子飼いの武士で、終生豊臣家への忠節を持ち続けたといわれる加藤清正《かとうきよまさ》の家訓もその一つです。

一　奉公人の道油断すべからず。（後略）

（「加藤清正掟書」第一条）

清正の家訓は、この一文から始まり、最後は、「右の七ヶ条を昼夜の別なく常に心がけること」、もしそれができないなら、自分から申し出なさい。調べてそれが本当なら、「武士としての男道を果たし得ぬものとあかしを立て、追放に処せられるものと覚悟しておくべきである」と締めくくっています。これは、現代の会社に当てはめると、「当社の方針に従えない者には辞めてもらうからそのつもりで」と言うのと同じですから、かなり厳しい家訓です。

関西の豪商・鴻池家の家訓にも奉公人の心得を述べたものがあります。

善悪の義とも腹蔵無く申し談じ、厚く一門同前に申合さるべく候事

善悪ともに気づいたことは遠慮なく話し合って、一族同様に堅く結束しなければならない。

（鴻池家「定」第八条）

思い上がることのないように、お互いに注意をしあっていく、ということですが、トヨタ自動車などが実践している「ＱＣサークル活動」は、まさにこの「互いに注意しあう」をシステム化したものと言えるでしょう。

「ＱＣサークル活動」とは、「品質管理（ＱＣ）／クオリティ・コントロール」を行なうために、職場で小さなグループを作り、問題点や改善案を指摘しあい、無駄・無理・むらをなくしてよりよい品質管理に活かしていく活動です。トヨタが売り上げを伸ばすことができたのは、このＱＣサークル活動をはじめとするさまざまな「カイゼン」の賜《たまもの》だと言われています。

内緒話はいけないが、改善のための指摘や話し合いは大いに推奨する。これは、鴻池家の家訓の特徴ですが、学ぶところの多い家訓だと思います。

商売の極意

お金のところで、損をしないことが利益だという話をしましたが、近江商人の外村《とのむら》與左衛門《よざえもん》は、「売って悔やむ」くらいがちょうどいいのだ、と言っています。

売テ悔ム事商業之極意肝要ニ相心得可申候

「売りて悔やむ」ことが商売の極意であると心得ておくことである。
（外村與左衛門「心得書」第十九条）

市場でのニーズが高まると、もっと値が上がるかもしれないと思い、「この値段では売れませんね」と売り惜しみをする人も多いが、そういうことはしてはいけない。お客さんが欲しがっているならば、少しくらい安い値段であっても売ってしまえ、というのです。

これは、市場主義的な考え方からすると、商売の方法としては間違っているように感じられます。

もちろん商売ですから利益を上げることは大切ですが、商売の極意というのは、売り上げた金額だけを利益と見るのではない、「お客様に喜んでもらうこと」も利益の一環なのだというのが外村與左衛門の考えなのです。

こうしたちょっとした違いは、いろいろなところであります。

たとえば、タクシーで目的地の近くまで来たときに「ここで止めてください」と言ってから、実際に車が止まるまでの間にメーターが上がることがよくありますが、いい感じがするものではありません。

一方で、こちらが「ここで」と言ったときに、まずメーターを止めてから、停車しやすい場所まで移動して車を止めてくれる親切な運転手さんもいます。

タクシーですから運転手さんを選ぶということはできないのですが、もし選べるのであれば、どちらを選ぶかは明らかでしょう。

東京は広いので、多少変な運転手さんがいても評判は広まらないかもしれませんが、これからの時代は油断できません。もしツイッターなどで、「止まってくれと言ったのにすぐに止まらずメーターが上がった。○○会社の○○というやつだった」といった感じでつぶやかれたら、どうなるでしょうか。

もちろんそういう行動がよいことだとは思いませんが、会社の評判が一気に落ちてしまう危険があることを認識しなければなりません。ちょっとしたことですが、正々堂々とした商売をすることは、こういう時代だからこそ、ますます重要なことになっていくのではないでしょうか。

長く商売を続けていきたいと思う人には、「売りて悔やむは商人の極意」という言葉をぜひ心にとどめておいてほしいと思います。

外村與左衛門は、この他にも「商売の駆け引き（第二十条）」や「相場の変動（第二十一条）」についてなど、実体験にもとづく貴重な教えを家訓に残しています。

一　古来より我家相伝之欠引《かけひき》方、自然天性にして我勝手斗《ばか》りを斗《はから》ひ候事一切不相成《あいならず》、自他共ニ弁利ニ可相成《あいなるべく》候事ヲ深ク相考江《え》勤メ行可致事也《おこないいたすべくことなり》

（同前第二十条）

昔から我が家に伝えられてきた駆引きの方法は、売買ともに、自然の成り行き、天の道理に適ったものであるから、自分の都合のよいことばかりを考えてはならない。自分も相手も共に利益になることを深く考えて勤務をすることである。

商売の駆け引きは天の道理にかなったものであるから、自分に都合のいいことだけ

ではなく、自分も相手も、ともに利益になることを考えてやりなさいというところは、近江商人らしい「三方よし」の考え方が生きています。

この後も、「支配人の心得（第三十条）」「出張する際の心得（第三十一条）」、「世間の風評への心得（第三十二条）」、「仕入れ先の心得（第三十三条）」、「投機取引の禁止（第三十四条）」、「仕入れの心得（第三十五条）」「同僚への配慮（第三十六条）」、「主人への感謝（第三十八条）」と、書き始めたら止まらなくなってしまったのではないかと思うほど、細々とした、懇切丁寧な家訓がつづいています。

読んでいると、この人は今のビジネス関係の専門職大学院の特別講師に来ていただくといいのではないか、と思うほどです。

最近は大学院などで経営を学ぶ人が増えてきました。そういうところでは、大企業の経営戦略のようなものは勉強しても、新入社員がどのように営業したらいいかといった話は出てきません。

大経営者の考え、ビジョン、プランの話をしていると気分はいいのですが、話が大きすぎて、自分が実際に社員になったときには役に立たないということがよくあります。それと比べると、外村與左衛門の家訓は、彼が自分の経験を通してつかみ取ったことを言っているので、とても実用的です。

現在、株式会社DeNAの取締役をされている南場智子《なんばともこ》さんも、経営は見るとやるとでは大違い、マッキンゼーのコンサルタントとして経営者にアドバイスをしていた自分が、これほどすったもんだの苦労をするとはと、その著書『不格好経営』(日本経済新聞出版社)のなかで書いています。

コンサルタントというのは、あくまでも理論やデータを分析した結果に基づいたアドバイスのプロであって、実務のプロではありません。その点、家訓のよさは、それがコンサルタント的なものではなく、責任をもろに被ってきた人間が、血を吐くような思いをして得た経験を愛する子孫にどうしても伝えたいという熱い思いで綴《つづ》ったものだという点にあります。時代や立場によって、内容的には今とずれている部分もあるかもしれませんが、ビジネスの本質的な部分は昔も今も変わっていません。

商家の家訓はいろいろありますが、その中でも外村家の家訓はとても丁寧な家訓です。

そして何よりも、この家訓の素晴らしさは、外村家が今も創業三百年を迎える老舗《しにせ》繊維会社「外与《とのよ》株式会社」として立派に存続していることが何よりも証明しています。本家の当主は代々「外村與左衛門」の名を襲名し、現在の当主は十六代目だといいます。まさに、「家訓」の底力を見る思いがします。

外村與左衛門は、売る立場から「売りて悔やむは商人の極意」と言いましたが、財閥・住友家の家訓は、仕入れる立場から「相場より安い物は買ってはいけない」と言っています。

一　何ニ而《て》もつね(常)のそうば(相場)より安き物持来候共根本をしら(知)ぬものニ候ハヾ少もかい(買)申間敷《もうすまじき》候、左様之物ハ盗物と可心得《こころうべく》候

どのようなものでも、世間の相場より安いものを持って来られた場合、その素性が不明なものは、たとえわずかでも買ってはならない。そのようなものは盗品だ

と心得よ。

（住友政友「文殊院旨意書」第一条）

読むとわかりますが、相場より安い商品は絶対に買ってはいけない、といっているわけではありません。問題にしているのは、「値段の安さだけで仕入れを決めてはいけない」ということです。

この条文は、住友家の「家訓」の中でも、「文殊院旨意書」と呼ばれるものに含まれるものです。これはいわゆる家訓というよりも、現代の接客マニュアルに近く、商いの心得が五ヶ条にまとめられたものです。

文殊院旨意書の前文には、商いは「心を込めて、丁寧かつ慎重に取り組まなければならない」とあり、こうした住友家の商売に対する姿勢が、家訓の第二条「職務に関して、私的な利益を得てはならない」、および第十二条の「浮利を追わず」という精神に即していることがわかります。

ちなみに、文殊院旨意書は、今も住友グループの「店法・店掟書」に、その内容が引き継がれているそうです。

いつの世もお客様は神様

日本には古くから「お客様は神様です」という言葉があるように、多くの商家が顧客第一主義を掲げています。

物價の高下に拘はらず、善良なる物品を仕入れ、誠實親切を旨とし、利を貪らずして顧客に接すべし

物価の上下にかかわらず、よい商品を仕入れて、誠実かつ親切を第一として利益を貪ることのないように、お客様に接することである。

（「伊藤松坂屋《まつざかや》の家訓」第八条）

これは、老舗デパート松坂屋の前身、いとう呉服店の家訓です。

お題目的な「顧客第一主義」ではなく、仕入れや値段、接客など具体的にどういうことがお客様のためになるのか、ということを書いているところがこの家訓の特徴です。

一　確實なる品を廉價にて販賣し、自他の利益を圖《はか》るべし。
一　正札掛け値なし。
一　商品の良否は、明らかに之を顧客に告げ、一點の虛僞あるべからず。
一　顧客の待遇を平等にし、苟《いやしく》も貧富貴賤《ひんぷきせん》に依《よ》りて、差等《さとう》を附すべからず。
（「飯田新七《いいだしんしち》制定　四つの綱領」）

こちらは髙島屋の祖・飯田新七が定めた四つの綱領です。家訓と言うには短いものですが、これも誠実な商売とはどういうものか、という本質を実に上手くまとめたものになっています。

いい品を掛け値なしで提供し、販売するときには商品の善《よ》し悪《あ》しをきちんと説明する。また、お客様を服装や身分で区別することなく、すべて同じ態度で接客する。シンプルですが、とても正直で新七の誠実な人柄が偲《しの》ばれます。

ちなみに、今は正札通りの値段で販売することが当たり前ですが、新七の時代はそうではありませんでした。値段はあってないようなもので、需要が高まれば、商品価格が二倍三倍になるのは日常茶飯事だったのです。

そんな中で、新七は正札掛け値なしという正直な商売を貫きました。事実、幕末の京都の町が蛤《はまぐり》御門《ごもん》の変で焼けたとき、多くの商人はかき集めた品をできるだけ高値で売りました。そんな中で新七だけは、自分の綱領を貫き、普段と同じ値段で商品を売り、京都の人々に喜ばれるとともに大きな信用を得たといいます。

目先の利益に惑わされない誠が、大きなビジネスの基礎を作ることにつながったのです。

顧客第一主義は日本の専売特許のように言われていますが、海外の企業にも、「お客様の身になって」ということを第一に掲げている会社はあります。ＭａｃやｉＰｈｏｎｅで知られるアップル・コンピュータはまさにその好例です。

アップルの社是の第一項は、"Empathy for Our Users"（お客様、ユーザーの身になって）から始まり、「2、社会への積極的な貢献」「3、革新／展望」「4、優れた品質」「5、物事を成し遂げる積極性」と続きますが、どれも世界的責任が貫かれている点で、スケールの大きい社是となっています。

でも、見ていくとどれも日本の企業にも当てはまることです。江戸時代から明治時代にかけての日本の家訓に多く見られる儒教道徳とは違いますが、結果的には共通するものが意外と多いという印象を受けます。お客様の身になって一人ひとりが努力し、みんなで協力し合って社会的責任を果たしていこうという点では、西洋も東洋も大きな違いは見られません。

ただ、少し違うのは、個々人のパフォーマンスに関しての条文が含まれていることです。「6、個々人のパフォーマンス」と「7、個々人の成長と報酬」と、社員個人の評価や成長に関する項目は、日本の家訓や社是には見られないものです。

一人ひとりの評価、創造性といったものを重んじるという点では、「家」を第一に重んじる日本の家訓とは違いがはっきりしていると思いますが、現代の日本においては、家を第一に、と言っても現実味がない部分もありますから、こうした外国企業の社訓も参考にしてみてもよいかもしれません。

江戸の商人に学ぶグローバルビジネスの心構え

江戸時代初期の貿易商・角倉素庵《すみのくらそあん》の家訓は、これから海外に出て行く若者に、ぜひ覚えておいてもらいたいものです。

異域《いいき》之我国に於ける、風俗・言語異《ことな》ると雖《いえど》も、其の天賦《てんぷ》之理、未だ嘗《かつ》て同じからざるなし。其の同じきを忘れ、其の異るを怪しみ、小《すこし》も欺詐慢罵《きさまんば》すること莫《なか》れ。彼旦《かれか》つ之を知らずと雖も、我豈《あに》之を知らざらん哉《や》。信《しん》は豚魚《とんぎょ》に及び、機《き》は海鷗《かいおう》を見る。惟《おも》うに、天は偽欺《ぎぎ》を容《い》れず。我が国俗《こくぞく》を辱《はずかし》むる可《べ》からず。若《も》し他に仁人君子《じんじんくんし》に見《まみ》ゆれば、則ち父師の如く之を敬ひ、以て其の国の禁《きん》諱《い》を問ひ、而《しこうし》て其の国之風教に従え。

異国と我が国とは、風俗や言葉の違いはあるけれども、天より授かった人間としての本性には何ら違いはない。それを忘れて異なるところを不思議がったり、欺《あざむ》いたり嘲《あざけ》ったりすることは、たとえ僅かでもしてはならない。たとえ相手がこの道理を知らなくとも、我々は知らずにいてよいものであろうか。

人の信義はイルカにも通じ、企《たくら》みはカモメも察知する。天は人の嘘偽りを許さないであろう。心ない振る舞いによって、我が国の恥をさらすようなことはしてはならない。もし、他国で仁徳に優れた人物に出会ったなら、その人を父か師のように敬って、その国のしきたりを学び、その地の習慣に従うようにせよ。

（角倉素庵「船中規約」第二条）

江戸時代というと鎖国のイメージが強いので、貿易というと意外に思うかもしれませんが、実は徳川家康は、秀吉の時代から行なわれていた中国との朱印船貿易を引き継ぎ、家康の死後も一六三五年に第三次鎖国令が出されるまでつづいていたのです。

そして、この朱印船貿易の権利を幕府から与えられていた商家の一つが角倉家だったのです。

今とは比べものにならないほど「外国人」が珍しい時代です。その言葉も習俗も違う外国人に対して、たとえ相手が道理を知らなかったとしても、自分たちは信義を尽くせと素庵は言っています。

その理由として素庵は「人の信義はイルカにも通じ、企みはカモメも察知する」としています。なかなかユーモアがあり、それでいて気持ちのいいたとえです。

素庵はこれに先立つ第一条「貿易の本義」として、貿易とはお互いに融通しあうことによって、他人にも自分にも利益をもたらすものだとしています。

何かしてもらえたから信用するのではなく、お互いに助けあうことが目的なのだから、たとえ相手が道理に外れたことをしたとしても、自分たちは道理を通していくべきだ、ということです。

この素庵の考えには、ともに利益を得るという「三方よし」と、相手がどうあれ自分たちは誠を尽くすという「お天道さまが見ている」という近江商人に通じるものがあります。実は、素庵の角倉家は近江国の佐々木源氏《ささきげんじ》から生じているとされているのです。もともとは医業の家で商人ではなかったようですが、商家になっていく中で、近江商人の哲学が受け継がれたのかもしれません。

近年、日本では留学や仕事で海外へ出ていく若い人が減ってきているといいます。その背景には少子化という問題もあるのですが、それ以上に、外国へ行って何か大きなことをやってみたいという「野心」を持つ若者が減ってきているのです。国は英語教育に問題があるとして、公立の小学校で英語の授業を設けるなど、英語教育の改善に力を入れていますが、それだけが理由ではないと私は思います。

問題は、もっとメンタルな部分にあるのではないでしょうか。

私の知り合いの経営者が言っていたのですが、今は海外に社員を派遣する際の人選がとても難しくなっているそうです。彼の会社も海外に支店があるのですが、自分から積極的に、「行きます」と手を挙げる人は、現地で苦労をすることで大きく伸びますが、無理に行かせた人は伸びない傾向にあるようです。そして最近はその行きたがらない人が増えているのだと言います。

海外勤務というと、まずは語学力が問われるのではないかと思われがちですが、実は語学力はほとんど関係ないといいます。言葉は現地で覚えていくしかありませんし、ビジネスで行くわけですから、大切な場面では通訳が使われるからです。

では、何が重要なのかというと、とにかく精神的に強い人間だといいます。

特に中国で商売するような場合は、役人からいろいろと意地悪をされたり、リベートを要求されたりすることもあるそうです。さらに、ようやく開店にこぎ着けたと思っても、当日になってガスが開通していないとか、来る予定の商品が届いていないとか、お金を先に渡さないと動いてくれないなど、日本では到底考えられないことが、実際にいくつもあったそうです。そうしたものに耐える精神力が必要なのです。

これは、中国だけでなく、他の国であっても同様です。言語の違いよりも文化の違いのほうが重要なのです。

そういう意味では、下手にいろいろなことを知っているよりも、人は皆同胞、信義はイルカでも通じるということだけを基本的な考え方として叩き込んで、あとはとりあえず現地で勉強してくださいと放り出したほうが、実はいいのかもしれません。日本人はどうしても内向きになりやすい傾向があるので、この角倉素庵の言葉を胸に刻んで海外へ行き、怖がらずにどんどん話していくということが大切だと思います。

現在の日本の英語教育の一番の問題点は、知識としての勉強だけで点数がとれてしまうというところにあると思います。英語を話すには、日本人が持っている恥ずかしさみたいなものを突破し、体をオープンにすることが必要なのです。

ですから、これからの英語教育に期待したいのは、異文化の人を怖がらずに積極的にかかわっていく体作りとしての英語教育の実現です。これができるようになれば、日本人は大きく変わると思います。

海外で活躍している人というのは、みんな、このオープンな体作りに成功した人です。

たとえば、イタリアのセリエAへ行ったサッカーの長友佑都《ながともゆうと》選手は、チームに溶け込み、みんなにかわいがられていますが、彼はイタリア語が最初から上手かったわけではありません。プレーヤーとしての能力を発揮しただけでなく、ゴールした際の「おじぎ」パフォーマンスなどで、チームメイトや観客の心を摑《つか》むことができたからこそ、今の活躍があるのでしょう。長友選手を見ていると、まさに「信義はイルカにも通ず」だと思います。

それは、ある意味「通じると思っているから通じる」ということだと思います。どうかな、ダメかなとおどおどした体では通じません。信じてオープンな体で臨むことが言葉の壁を乗り越える鍵になるのです。

「浮利を追わず」――本業は何かを考える

長く繁栄している家は、どこも本業を大切にしています。先に紹介した鴻池善右衛門の家訓も、本業以外に手を出してはいけない、ときつく誡《いまし》めています。

バブルの時代には、本業ではないものに手を出して負債がふくらみ、結果的に本業の足を大きく引っ張ったり、ひどいときには会社を潰してしまったというケースがたくさんありました。それは、バブルのときに限ったことではありません。

難しいのは、一方で多角経営をして成功する場合もある、ということです。今のようにビジネスモデルがめまぐるしく変わる時代は、あまり本業に固執しても失敗するということもあります。

では、どうするのがいいのでしょう。私は、少しずついろいろなところに足をかけて、少しうまくいったらもう少し、というように、徐々に広げていくのがいいのではないかと思います。

危ないのは、調子に乗って投機に走ってしまうようなケースです。堅実な家業があるのに不動産や株に手を出して大失敗をするというのはよくあるケースです。

財閥は、多くのグループ会社からなるので、いろいろな事業に手を出しているように見えますが、みんな思っている以上に堅実な経営をしています。

住友グループの堅実経営の源にあるのは、次の家訓です。

一　我營業は時勢の變遷《へんせん》理財の得失を計り弛緩《しかん》興廢することあるべしと雖も、苟《いやしく》も浮利《ふり》に趨《はし》り輕進すべからず。

住友家の事業は、いくら時勢が変化してもその変化を読み、資金を上手に運用しても、浮沈があることは避けられない。だからといって、目先の利益を追って軽々しい儲け話に走ってはならない。

（「住友家家訓」第十二条）

住友はこの「浮利を追わず」という家訓が非常に重んじられていたため、財閥の中では最後の方まで金融業には手を出しませんでした。当時の財閥は、どこも金融会社を持ち、それによって大きく成長するものが多かったのですが、住友は、倉庫業はやっていたものの、金融、つまり「銀行」には最後まで手を出しませんでした。それはこの家訓があったからです。時流に乗ることで成功する企業もありますが、住友の場合は、とにかく堅実を心がけることで今に至っているということです。

今は浮わついた利益を追いたい気持ちを多くの人が持っていると思います。誰かが株やＦＸをやって大儲けしたという話を聞くと、つい自分もと思うかもしれません。でも、バブルのときに大損をしたのは、多くがそうした浮利を追った人たちです。それを考えると、住友家に倣《なら》って「浮利は追わない」というほうが、長期的にはいい結果になるのではないでしょうか。

同じ財閥でも、三菱のもととなった岩崎弥太郎《いわさきやたろう》の家訓は、家業に対する意識が少し違います。

創業は大膽《だいたん》に守成には小心なれ。

（「岩崎家家訓」第九条）

創業時は大胆な戦略をとり、成功して守りに入った後は、むしろ臆病なぐらい慎重な戦略をとったほうがいい。黒澤明《くろさわあきら》監督の著書のタイトル『悪魔のように細心に！天使のように大胆に！』を彷彿《ほうふつ》とさせるような家訓ですが、記憶に残るなかなかキャッチーな家訓です。

岩崎弥太郎という人は、底辺からものすごい競争を勝ち抜いて、トップに上りつめた人です。この家訓には、そんな弥太郎の気迫のようなものが随所に感じられます。第二条に「一度着手した事業は絶対に成功させろ」とあるのですが、これなどはほかの家訓にはないタイプのものです。

電通《でんつう》の四代目社長吉田秀雄《よしだひでお》が一九五一年に作った「鬼十則」という社訓の中に「取り組んだら放すな、殺されても放すな、目的完遂までは……」というものがありますが、弥太郎の家訓はそれよりもずっと古いものです。しかし、その古さを感じさせない力がこの家訓にはあります。作った弥太郎の気迫が感じられる、非常にパワフルな家訓です。

岩崎弥太郎の最大のライバルであった渋沢栄一の家訓も実にパワフルな言葉が使われています。その中でも第五条は秀逸です。

一　凡《およ》そ一事ヲ爲シ一物ニ接スルニモ必ズ満身ノ精神ヲ以テスベシ瑣事《サジ》タリトモ之ヲ苟且《かりそめ》ニ付スベカラズ

（「渋沢家の家訓」第五条）

「満身」という言葉は、今はあまり使われていませんが、体ごと行け、体中の力を振り絞ってやれ、ということです。

幸田露伴《こうだろはん》が娘の幸田文《あや》に対して言った言葉に、「満身の力をもってする行為には美がある。女はどんなときでも美でなくてはいかん」というものがあります。これは鉈《なた》で薪《まき》を割る練習をするときの話に出てくる言葉ですが、満身の力をもってやることには美がある。女は実に美しくなくてはならないのだから、何事も常に全力でやりなさい、という教えです。

この「満身」という言葉は、非常に力のあるいい言葉なので、ぜひこの家訓とともにもう一度日本人の心によみがえってほしいと思います。

第6章 最強の教科書とは何か

——学びの訓え

文武両道でなければ国を治めることはできない

武士は力で国を治めたと思われがちですが、黒田如水は国を力だけで治めることはとてもできないと言っています。

一 総じて国を守護するは、大事なりとおもふべし、尋常の人とおなじく心得ては成《なり》がたし、先《まず》政道に私なく、其上《そのうえ》我身の行儀作法を乱さずして、万民の手本に成べし。(中略) 文武は車の両輪の如く、一もかけてはかなひがたきよし、古人もいへり。

おおよそ、国を治めるのは容易なことではないと覚悟すべきである。世間の普通の人と同じ心がけであれば、できるものではない。まず、政道に私なく、加えて我が身の行儀作法を乱さず、家臣から百姓に至るすべての人びとの手本とならねばならぬ。(略) 文武は車の両輪のように、どちらか一つが欠けても成りたたず、と昔の人も云っている。

（「黒田如水教諭」第二条）

国を治めるためには、文武の両道が必要で、たとえ平時であっても、乱世であっても、文武は車の両輪のようなものなのだから欠いてはいけない、というのです。

興味深いのは、この家訓の中で黒田如水が、武家の大将が文道を好むとはどういうことか、ということを明確にしている点です。

大将が学問をするのは、詩を作ったり、本を読んで故事を覚えたりするためではない。真実のみを求め、筋道を違《たが》えず、善悪を正し、賞罰を明らかにして、心に深い憐れみを持てるようになるために学ぶのだ、というのが如水の主張です。

そう考えると、文武両道は戦国の世であっても、人の信望を得るための基本であったのかもしれません。

では、黒田如水の言う「文武両道」は、現代ではどのようなものに当たるのでしょう。文武両道の「文」は、一つにはやはり教養、知性が備わっていることです。何があっても、すぐに怒ったり感情的になったりせず、冷静に判断ができ、物事の道理や社会の仕組みをよく知っていて、誰が見ても納得できる判断が下せる。

これが現代の「文」だとすると、「武」はもちろん弓や馬ではありません。私は現代の「武」は、「チームワークを牽引《けんいん》する力」ということではないかと思っています。

チームで物事を推し進めていくとき、そこにはそのチームをまとめ、牽引するリーダーが必要です。このリーダーの引っ張っていく力「リーダーシップ」には、肉体的な裏付け、言い換えれば健全な肉体から発せられるパワーが必要なのです。このパワーは、戦う気力のようなものと言うとおわかりいただけるのではないでしょうか。

私は、この戦う気力を持っている人に現代の「武」を感じます。

戦う気力に欠けている人は、どんなに頭がよくてもチームを引っ張っていくことはできません。傍《はた》から見ていても、ちょっと物足りない感じがします。かといって、戦う気力にはあふれているけれど、教養が足りないという人もリーダーは務まりません。

こうして文と武を現代的に定義すると、今の時代は「文（知性）」と「武（気力）」では、「文」に片寄っている感じがするので、もう少し「武」の部分を鍛えたほうが全体としてバランスがよくなると思います。

社会の中で成功している人には、ある時期に徹底して体を鍛えたという人が数多くいます。体を鍛えるということは、実は人としてとても重要なことで、福澤諭吉も「先《ま》ず獣身を成して後人心を養え」と自伝で語っているぐらいです。

獣身、つまり獣のような肉体を作り上げてから人の心を養いなさいということです。慶応義塾の幼稚舎では、福澤のこのポリシーに則《のっと》り、体育や運動部の活動に力を入れています。生徒全員が卒業までに一キロメートルを泳ぐ「幼稚舎生皆泳」や冬になると毎朝行なわれる校庭でのマラソン、大学のタイガージャージーで有名なラグビーも幼稚舎からクラブ活動として行なわれています。

昔は校内マラソン大会などどこの学校でもやっていましたが、最近はそれも減ってきています。そういうことから考えても、文武のバランスを取るためには、やはり学生時代は勉強するだけでなく、部活動も同時にやったほうがいいと思います。

体を鍛えることであればなおいいと思いますが、部活動はスポーツだけに限る必要はありません。吹奏楽部でも科学部でもかまいません。大切なのは、他人と競ったり、技を磨《みが》いたりすることです。

これらは、「武」、すなわちリーダーシップややる気を鍛えるために、最も大切なことなのです。勉強はどうしても自分一人でやることが多くなりがちなので、部活動を積極的に行なうことで、チームワークを身につけることができます。

本来、勉強と部活は文武両道の精神から学校に設けられたものです。今も文武両道を謳《うた》う学校はありますが、その中には、文の担当と武（スポーツ）の担当で生徒が分かれているケースが多く見られます。しかし、文の人と武の人が分かれてしまったのでは意味がありません。同じ人間が文も武も二つともやることが重要なのです。

勉強をしながら体も鍛えるなんて大変だと思うかもしれませんが、最近の研究では、体を適度に鍛えているほうがむしろストレスが少なく、うつ病になりにくいという研究データもあるようです。

事実、忙しいはずのエリートの人たちの多くがジムで汗を流したり、早朝ジョギングなどを積極的にしています。彼らもまた、体を鍛えることで、闘い抜くための体力を養っているのではないでしょうか。

実際、仕事はどんなものでも体力が勝負、という面があります。

先日打合せをしたテレビ局の人も、少しぐらい頭がいいよりは体力があるほうが大事です、と言っていました。作家の村上春樹《むらかみはるき》さんはマラソンを走ることで知られていますが、『夢を見るために毎朝僕は目覚めるのです』（文春文庫）という本の中で、「なぜ走るのか」という問いに、人間の悪の部分を描くのはすごく体力が要るので、走って体力をつけておかないと、文学自体ができなくなってしまう、とおっしゃっていました。そして、昔は文学者が走っていると変に思われたけれど、今では褒められるようになりました、と周囲の目の変化についても言及しておられました。

水戸黄門《みとこうもん》の異名で知られる徳川光圀《みつくに》も文武両道を強く推奨しています。徳川光圀は、儒学を奨励し、彰考館《しょうこうかん》という史局を開設して『大日本史』を編纂《へんさん》したことで有名なので「文」のイメージが強い人ですが、実は若いときはかなりの「やんちゃ」だったこともあり、武のほうもかなり鍛えていたようです。

家訓では、まず冒頭の第一条で「読書」の大切さを説き、第三条では「居合」を習得することを勧めています。面白いのは、第七条で「算盤《そろばん》」の重要性を説いていることです。

一　常々算盤を御習、算勘を御心得候様にと仰進られ候儀。

（「徳川光圀家訓」第七条）

馬の上から一目見ただけで兵馬をどれだけ動かすことができるか、見積もりができないようでは武将として役に立たない、というのはちょっと面白い表現だと思います。実際、徳川光圀は若い頃から見ただけで土地の坪数がさっとわかって、即座に見積もりができたと言われるぐらい計算に長《た》けていたそうです。

算数ということでは、戦国時代の武将・多胡辰敬もその重要性を家訓に記しています。

彼は数字にかなりの思い入れがあったのか、いろいろな例を引いて「算数に強くなれ」ということを述べています。

例によって条文は冗長で読むのが大変なので、ここでは彼の詠《よ》んだ歌だけを引用しておきましょう。

算用は優れたりとも人中に、算用だての物語すな
作用にはづる事はよもあらじ、拍子の数や歌の文字数
我が年の算用をして物をいへ、年によりたる身持振舞

『源氏物語』から人の心を学んだ黒田如水

黒田如水は、学問は文学を読むためのものではないと言っていましたが、斯波義将は、武士も文学的素養は大事だとして、特に『源氏物語』や『枕草子』などは、必ず手に取って「幾度となく読み覚えておくように心がけるべきである」と言っています。

一　尋常しき人は、かならず光源氏の物がたり、清少納言《せいしようなごん》が枕草子などを、目をとゞめていくかへりも覚え侍《はべる》べきなり。なによりも人のふるまひ、心のよしあしのたゝずまひをしへたるものなり。それにてをのづから心の有人のさまも見しるなり。

世間一般の武士たる者は、必ず『源氏物語』や清少納言の『枕草子』などを手にとり、幾度となく読み覚えておくように心がけるべきである。これらの物語は、何よりもまず人の振舞い方や心の善悪の有様などを教えてくれるものであり、これによって、おのずと風情を解する人の様子を知ることができる。

（斯波義将「竹馬抄」第八条）

これらの物語は人の振舞い方や心の善悪を教えてくれるものであるとしているあたりは、文学に対してこれほどまでに理解がある武士もいたのかと、文学好きの私としては読んでいてうれしくなる家訓です。

武士の世界というのは、基本的には実利的で厳しいものだと思います。それでも、「幾度となく読み覚えておくように」と言うのですから、かなりの熱の入れようです。実際、義将はかなり文学的素養を磨いた人のようです。他人の作品を読むだけでなく、和歌の道を学び、やがては『新後拾遺和歌集』に名を連ねたというのですから、和歌の才能もあったのでしょう。

義将の家訓は、自分がかな文字を書くようになったのは、教養のある女性から見事な筆跡の文をもらったのが手始めであったとか、蹴鞠《けまり》は若い時分に無理にせき立てられてたしなんだおかげで、うまくはないけれども足さばきや心遣いまで分別できるようになったなど、自分の経験を盛り込んでいるところも、面白さの一つです。

文学的素養を持った義将は、そのことが自分の人生を豊かにしてくれたと感じていたのでしょう。文学を読んで「風情を理解しなさい」と息子に伝えています。ただ、繁栄や利益だけを追い求めるのではなく、心豊かに生きることの大切さを説いている点は、武士の家訓としては珍しいものの一つです。

他にも今川了俊や北条早雲など、武家の家訓にも「文」を奨励する家訓は見受けられますが、いずれも文武両道としては「文」が少し足りないので、きちんと学んでおきなさい、というニュアンスが強く、斯波義将の家訓とはだいぶ雰囲気が違います。

一、文道を知らずして、終《つい》に勝利を得ざる事。

武士の家に生まれた者も、人の人たる学文の道を知らなくては、結局は勝利を得ることはできない。

（今川了俊「今川状」第一条）

一、少しの隙《すき》あらば、物の本、文字有物を懐中に入、常に人目を忍び見るべし。寝ても覚えても手なれざれば、文字忘也。書中（状）も同じきなり。

少しでも暇があれば、書物や文字が記されているものを懐《ふところ》に入れ、常に人目をさけて読むように心がけること。文字というものは、寝ても覚めても使いなれないと、忘れてしまうものである。書状など書くことも同様である。

（北条早雲「早雲寺廿一箇条」第十二条）

中国の家訓の白眉《はくび》と言われるものに「顔氏家訓《がんしかくん》」があります。これは日本でも吉備真備《きびのまきび》がその家訓の中で引用するほど、古くから日本でも知られていた家訓です。この家訓を残した顔之推《がんしすい》という人は中国南北朝時代（西暦四三九〜五八九）の学者です。学者だけあって、この家訓は自らの経験に基づき、学問することの大切さを説いています。

この時代、学問とは儒教を学ぶことを意味していました。儒教は単なる学問ではなく、倫理観や哲学的な教えも含んでいるので、今の私たちが「学問」という言葉からイメージする範囲より、彼が「学ぶべき」と考えているものの範囲は広くなります。

たとえば、顔氏は子どもの教育について、早ければ早いほどよいとして、聖王の時代には「胎教」というしきたりがあったと、伝説の時代にまで遡《さかのぼ》って早くから教育することを奨励しています。
顔氏は早くから教育することの重要性とともに、厳しくしつけることの必要性も強く述べています。体罰を加えることも考えなさいなどと、今日から見ればその内容はかなり厳しく通用しないものもありますが、ちゃんとしたしつけをしないとどのような子どもに育つか、という件《くだり》は、現代の日本人も考えさせられる内容です。

教えなくして愛あるは、毎に然る能わず。飲食云為《うんい》、その欲する所を恣《ほしいまま》にし、よろしく誡むべきに翻《ひるがえ》って奨め、まさに叱るべきに反って笑い、識知あるに至って、法まさに爾《しか》るべしと謂う。

碌《ろく》な躾けもしないで甘やかすばかり。飲み食いを始めとして、あらゆることを気ままにさせ、注意すべきところを逆におだてたり、叱らなければならないところを愛嬌《あいきよう》だと言ってすましている。だから子供は少し物心がついてくると、「これで通用するんだ」と思うようになる。

(『中国古典の家訓集』守屋洋著・プレジデント社)

全体を通しては、顔氏が家訓で言っていることは、立派な人間になるためには学問が必要である、というごく真っ当なことです。当時は学校教育というものはなく、子どもの学問もしつけもすべて親の責任でした。それだけに厳しい部分もありますが、親としての責任感の強さも感じさせられる家訓です。

「人」こそ最強の教科書である

学問は何も書物を読むだけではありません。伊勢貞親は、親しい人との雑談の中から、あるいは経験豊かな年寄りとの雑談から学べと言っています。

一 人と雑談《ぞうだん》するにも相構《あいかまえ》てく召仕者と常に雑談すまじき也。打甘《うちあまえ》て必《かならず》無礼に成、心安所存出来て主をあなどる也。隔心せん人に常々寄合て天下の沙汰諸事に付て雑談を聞て後学にすべき也。

人と雑談する際にも、決して召使う者と常に雑談してはならぬ。常に雑談すれば、相手も打ちとけて、必ず無礼にもなり、心安く思って、主人を見下げるようになる。それゆえ、親しい人と常に寄り合い、世の中の出来事や諸事についての雑談を聞き、後学にすべきである。

（「伊勢貞親教訓」第十二条）

人と参会せんに、若者も宿老《しゆくろう》も寄合て常に雑談すべし。何しても後学に成事ある物也。

人と寄り合う場合には、若者も経験豊かな宿老と座を共にして、常に雑談すべきである。いずれにしても、後学になることが多いものである。

（同前第二十七条）

第十二条は、召使いと無駄話をずっとしているのはよくないが、世の中の出来事について親しい人から話を聞き、後のことをどうすればいいのか学びなさい、ということです。

第二十七条は、背景に若い人が経験豊富な老人たちとあまり話をしないという事情が垣間《かいま》見《み》られる家訓です。

宿老と言われる家老職の人というのは、経験が豊富なのですから、若い人はそういう人たちからもっと積極的に話を聞きなさい、ということです。

これは私も、今の若い人に強く言いたいことの一つです。たとえば私が教える学生たちも、酒席などでせっかく経験豊富な大人が目の前にいるのに、やはり話を引き出そうとしません。緊張しているのかもしれませんが、ただ黙っているなんて、あまりにももったいないと思います。

経験豊富な人が横にいたら、いろいろ質問して話を聞くべきです。質問は難しいことである必要はありません。雑談でいいのです。「若いときはどうだったのですか」、「仕事において大切にしていることは何ですか」と、聞けばどんどん教えてくれるはずです。

よく言えば、今の若い人というのは「がっついていない」のかもしれませんが、それも程度問題です。経験知に対してさえも、がっついていないのは淡白すぎます。若いのですから、もっと野心を持っていいと思います。

ぜひ、目の前に経験豊富な人がいたら、その人の経験知を何としてでも引き出してやろうというぐらいの気持ちで、いろいろな話をするようにしてほしいと思います。

私も雑談をテーマにした『雑談力が上がる話し方』（ダイヤモンド社）という本を出していますが、何気ない会話の中から学ぶということは、今のような情報社会でもとても大事なことだと思います。

実際、何気ない雑談の中からハッと仕事の本質がわかったり、人間関係がつながったりすることもよくあります。また、自分が直接経験できないことであっても、雑談を通して追体験することができます。

先日、大きな芸能プロダクションで、若いときにマネージャーをしていた方の話を聞く機会がありました。その際、彼は「マネージャーというのは、世間ではスケジュール管理が主な仕事だと思われているけれど、本当は違う」という話をされていました。

マネージャーの仕事というのは、自分が担当しているタレントさんの能力や魅力、具体的に言えば「このタレントはこんなこともできます」ということをテレビ局やラジオ局に売り込んで、しかも相手の方の要求と摺《す》り合わせて交渉をすることが一番重要な仕事なのだそうです。自社のタレントのよさを活かしつつ、相手のオファーにも応《こた》えるのですから、言ってみれば、広い意味での営業職なのです。

そうなると、売り込みをするときには、単に「うちのタレントいかがですか」と言うだけでなく、タレントを活かすような企画を考えることも必要になります。企画を立てるのは、基本的にはプロデューサーの仕事とされていますが、優れたマネージャーというのは、タレントをうまくプロデュースしつつ、売り込んでいくことで一人前にしていくという実に間口が広く、奥も深い仕事なのです。

このように、知らない職業の人の話を聞くと、「なるほど、そういう仕事だったのか」ということがわかったり、新たな発見があります。いろいろな人の話を聞くたびに世間知は確実に増えていき、こうした知識は、自分の職業においてもバランス感覚を養うのに必要なものなのではないかと私は思います。

いろいろな知識を持っているということは、あちこちにやじろべえの手が延びているようなものです。まんべんなく手があればあるほどバランスが取りやすいのと同じで、広く世間を知っていると、判断を間違えることが少なくなります。

もしも、今の自分の仕事が大変なので、もう辞めたいと思っている人がいたら、決断する前に、いろいろな職業の人からその業界の裏話を聞くことをお勧めします。きっと、いかに他の職業が大変かわかると思います。

私もタクシーに乗ったとき、お金を払っている最中にちらっとタクシーの運転手さんの車両点検表の項目が目に入ったことがあるのですが、エンジンやペダル、ブレーキ、タイヤなどはもちろん、ライトやオイル、ファンベルトから工具等々、ものすごくたくさんの項目が書かれていました。それを見たときに、「そうか、タクシーのドライバーさんは、乗る前にこんなにたくさんの項目をすべて点検しているんだ」と、正直少し驚きました。タクシーの仕事は、運転すること以前に、いろいろな準備が必要だったのです。

職業というものはすべてそうだと思いますが、傍からは見えないところにものすごく大変なことがいろいろあるのです。それでもみんな頑張って仕事をしている。そんなことを知るのも大切な世間知です。

芸能のたしなみのない人の人生は動物と同じ

学ぶことは学問や世間知だけではない、芸能も学ばなければダメだ、と言っているのは、文学に造詣《ぞうけい》が深かった斯波義将です。

一　能の有人《ある》は、心のほどもおもひやられ、その家も心にくき也。世中は名《みよう》利《り》のみなり。能は名聞《みようもん》なれば、不堪《ふかん》と云とも猶《なお》たしなむべし。

芸能の嗜《たしな》みのある人は、風情の様子も察せられ、その家も奥ゆかしくすぐれているものである。すべて名誉と利欲を求める世の中では、芸能もその人にとって、世上の評判になるものであるから、たとえ不器用であっても稽古すべきである。

（斯波義将「竹馬抄」第六条）

義将は、たとえ不器用であっても、芸能は世間の評判になるものだからたしなむべきだとしています。そして、慰めるかのように、下手でも、稽古を重ねていけば恥ずかしくない程度にはなる、としています。

ここで言う芸能というのは、基本的には、歌を詠む、楽器を演奏する、蹴鞠をたしなむ、音曲や能をすることができる、ということです。義将はこれらに加えて、犬追物《いぬおうもの》、笠懸《かさがけ》という武士の習い事はもちろんのこと、囲碁やすごろくのような「無益な遊び事」でさえも、知らないのは見劣りするので学んでおいたほうがいいとしています。

この家訓を読んでいて、かつて、と言っても私が二十代の頃ですが、男性がもてるためには、ボーリングやスキー、テニスやビリヤードといった「遊び」を一通りはできるようになっておかないといけないという時代があったことを思い出しました。当時は、車の運転ができるのは当然で、スキーができない男なんて格好悪すぎると言われていました。

でも、今は車の免許を持っていない若い男の子はたくさんいるし、スポーツや遊びができなくても、あまり気にしないようです。

「男だったら一通りのことはできないと」というハードルがなくなったのは、男としては生きやすくなったようにも思いますが、本当にそれでいいのでしょうか。そんな時代だからこそ、人の評判があるのだから一通りはできるようにしておきなさいというこの家訓にしたがうと、もしかしたら魅力的な男性が増えていいのではないかとも思います。

これは聞いた話ですが、落語家の柳家花緑《やなぎやかろく》さんはピアノも弾けて、ダンスもできて、歌もうまい、といろいろなことができるそうです。落語という特別な芸の他に、いろいろなことが一通りできるというのは、男から見てもかなり魅力的です。いろいろなことを身につけておくのが芸の肥やしになる、ということもあったのかもしれません。

今のように何も身につけていない人が増えてくると、家の方針として一通りの芸事を身につけておきなさいと言って、若いときにいろいろなことをやらせておくのも、親の心遣いとしてはいいことなのではないかと思うようになりました。

芸事というのは、勉強や他の物事より、親の好みが大きく影響するものです。たとえば、親がクラシック音楽を好きだと子どもも自然とクラシック音楽が好きになります。ところが、両親ともにクラシック音楽に馴染《なじ》みがないと、子どもは興味を持つきっかけがありません。

親の趣味が子どもに移っていくものだからこそ、親がちょっといいなと思うものがあれば、子どもを一緒に連れていくのはいいことです。たとえば、落語が好きな人は子どもと一緒に寄席に行く。そうすると、子どもは落語好きになる確率が高い。

子どもは子どもで自分の好きな世界を広げていくものですが、親の趣味をそういう形で子どもに伝えていくことも大事なことではないかと思います。

この斯波義将という人は、よほどの趣味人だったのでしょうか。さらに熱心に芸事を勧める言葉が随所にあります。

無能ならん人の、としのよるやうをおもひやるに、ただ狐狸などの年経ぬるにてこそあらんずれ。いかがすべきく。

芸能の嗜みのない人が年老いてゆく有様を思えば、狐《きつね》や狸《たぬき》が年をとるのと全く変わりがないのは、人としてどうかと思う。

人木石にあらずと申ためれど、いたづら人のながらへんは、谷かげの朽木にてこそ侍《はべ》らんずらめ。たしなむべし。

（同前第八条）

「人は木石にあらず」と云われるが、むなしく長生きする人は、谷間の朽木と同じようなものである。このことを常に心がけるべきである。

芸能のたしなみのない人が年老いてゆく有様は狐や狸が年を取るのとまったく変わりがない、そういうのは人としてどうかと思う、というのですからかなりの厳しさです。

今の会社員は、この義将の家訓が耳に痛い人も少なくないのではないかと思います。定年退職したら何もすることがない、という人が多いからです。会社のことだけで無趣味で終わってしまうと、定年後の生活は寂しいものになってしまいます。仕事人間を狐や狸と同じと言われるのは納得できないかもしれませんが、これには意味があります。

仕事というのはある意味、成果を上げて報酬をもらうということです。これを食べていくための狩りと見なせば、確かに狐や狸も食べていくための狩りはします。つまり、狐や狸と同じというのは、人間でなければやらないことをしていないという意味なのです。

芸事や趣味というのは、成果を上げることよりも純粋にその世界を楽しむものです。そのような無駄なことは、野生の動物はしません。

男性の場合は、定年退職をするまで仕事一筋で、定年になったら、その瞬間から何もすることがなくなってしまったという人がいますが、女性は会社勤めをしながらでも、上手に趣味の世界を広げている人がたくさんいます。

私は以前、市民大学で講師をしていたことがありますが、女性は働きながら趣味を楽しんでいる方が多かったのに対して、男性は、市民大学に来るのはほとんどが定年後です。することがなくなったので、とりあえず市民大学にでも行くか、という人ばかりでした。こうした人たちのほとんどが無趣味で、教養を身につけることはこの数十年間してこなかったと言います。

仕事が忙しくてそれどころではなかった、というのが正直な気持ちだと思いますが、そこからの再スタートでは、奥さんとの教養のレベルにあまりにも開きがありすぎて一緒に楽しむことが難しいのが現実です。

妻の教養の厚みに比べて、夫がついていけない。一緒に美術館に行ってもレベルが違いすぎて楽しめない。一緒にクラシックコンサートに行っても夫は寝てしまうので恥ずかしいだけ。そうなると、夫婦でいる意味がよくわからない、となってしまい、最悪、熟年離婚になってしまいます。つまり、働いていたうちはあった「夫婦でいる意味」が、仕事がなくなると同時になくなってしまうのです。

私は講演会を数多くやっていますが、全国どこへ行っても、明らかに奥さんに連れてこられたお父さんというのがいます。そういうお父さんは、たいてい、始まるときからぐったりしています。私も男なので、その気持ちはわかります。講演会やコンサートで、いびきをかいて眠るのもほとんどが男性です。女の人は好奇心が旺盛なだけでなく、肉体的にもタフなのかもしれません。

日本の男性は、この家訓を胸に刻んで、自分が定年後に狐や狸にならないように、趣味を持つ、あるいは好奇心を持つ努力をして、知的体力をつけていただきたいと思います。

あとがき

自分の大切な人に、自分が人生で得た鉄則を伝え、繁栄と幸福を願う。この自然な感情が形になったのが家訓です。家訓には子を思う切なる気持ちがこもっています。厳しい言葉の中に愛情がつまっています。

世の中にもまれ、苦しみ、痛みとともに学んだ「世の中を生き抜く原則」を短い文言のうちにこめて伝える。家訓を読むと、その思いの真剣さ、世を生きる厳しさを感じ、背筋が伸びる気持ちがします。

「一般の家庭に家訓など大げさだ」という感覚も現代では自然なものですが、こうしてさまざまな「家訓」の力に触れてみると、「自分の家でも家訓を作ってみようか」という気がわいてきます。

読者の方々も、これを機に家訓作りを始められてはいかがでしょうか。

短い文言でいい。文語体でなくてもいい。「○○だけには気をつけなさい」といった具体的な助言でいい。とりあえず、力みを捨てて言葉に思いを託してみることで、自分が生きてきた軌跡を振り返ることになります。

切れ味鋭い一言でなくても、思いが伝わればいいのです。家訓の中にも長いものもあります。親子でやりとりするメールの文章に家訓めいた文を織り交《ま》ぜるだけでも、魂の伝承は行なわれるのです。

家訓という形でなくとも、今思い返してみると、祖父母や父母の日々の言葉の中に「家の訓《おし》え」はあったはずです。私自身、今回家訓の仕事をしてみて、そうした教訓を思い出しました。

父から「本にかける金は惜しむな」と大学生の頃に言われて、それを三十年以上実践してきました。それなくして今の私はありません。誰でもこのようなことはあるのではないでしょうか。

家訓というテーマに触れて考えてみることで、自分の命が、炎を前の代から後の代へとつないでいく松明《たいまつ》のようにも感じられます。血縁でなくてもいいのです。思いを託したい人へ言葉を教訓として残す。家訓を通じた、そんな深みのある関係性自体が人生の祝祭なのです。

切りとり線

★読者のみなさまにお願い

この本をお読みになって、どんな感想をお持ちでしょうか。祥伝社のホームページから書評をお送りいただけたら、ありがたく存じます。今後の企画の参考にさせていただきます。また、次ページの原稿用紙を切り取り、左記まで郵送していただいても結構です。

お寄せいただいた書評は、ご了解のうえ新聞・雑誌などを通じて紹介させていただくこともあります。採用の場合は、特製図書カードを差しあげます。

なお、ご記入いただいたお名前、ご住所、ご連絡先等は、書評紹介の事前了解、謝礼のお届け以外の目的で利用することはありません。また、それらの情報を6カ月を越えて保管することもありません。

〒101-8701（お手紙は郵便番号だけで届きます）
祥伝社新書編集部
電話03（3265）2310
祥伝社ホームページ　http://www.shodensha.co.jp/bookreview/

★本書の購買動機（新聞名か雑誌名、あるいは○をつけてください）

＿＿＿＿新聞の広告を見て	＿＿＿＿誌の広告を見て	＿＿＿＿新聞の書評を見て	＿＿＿＿誌の書評を見て	書店で見かけて	知人のすすめで

★100字書評……最強の家訓

名前
住所
年齢
職業

齋藤 孝　さいとう・たかし
明治大学文学部教授。1960年、静岡県生まれ。東京大学法学部卒業。東京大学大学院教育学研究科博士課程等を経て現職。専門は教育学、身体論、コミュニケーション論。『声に出して読みたい日本語』（草思社）、『雑談力が上がる話し方』（ダイヤモンド社）、『齋藤孝のざっくり！日本史』『最強の人生指南書』『日本人は、なぜ世界一押しが弱いのか？』『最強の世渡り指南書』（以上祥伝社）など著作多数。

最強《さいきよう》の家訓《かくん》
――仕事《しごと》と人生《じんせい》に効《き》く言葉《ことば》

齋藤《さいとう》 孝《たかし》

2014年6月10日　初版第1刷発行

発行者……………竹内和芳
発行所……………祥伝社しょうでんしゃ
〒101-8701　東京都千代田区神田神保町3-3
電話　03(3265)2081(販売部)
電話　03(3265)2310(編集部)
電話　03(3265)3622(業務部)
ホームページ　http://www.shodensha.co.jp/

装丁者……………盛川和洋
印刷所……………萩原印刷
製本所……………ナショナル製本

Printed in Japan　ISBN978-4-396-11367-4　C0237